螢雪齋主人七十自述

劉 昭 仁 著

傳 記 叢 刊

文史哲出版社印行

螢雪齋主人七十自述

目　　次

序 ── 苦學成功的劉昭仁教授

一、螢雪的來源

　　螢雪齋主人，即劉昭仁教授。「螢雪」的來源，是劉教授母校省立嘉義師範學校（即今國立嘉義大學）校慶的一副對聯：「鵬風好奮垂天翼，螢雪勿忘濟世心。」上聯原自《莊子‧逍遙遊》：「北冥有魚，其名爲鯤。鯤之大，不知其幾千里也。化而爲鳥，其名爲鵬。鵬之背，不知其幾千里也；怒而飛，其翼若垂天之雲。」下聯本於宋朝王應麟《三字經》：「如囊螢，如映雪；家雖貧，學不輟。」囊螢苦讀的車胤，映雪苦讀的孫康，劉教授效學苦讀的精神，加上有恆心、有決心、有信心、有毅力，始能有今朝的非凡成就，馳名遐邇。齋，是「書房」之意。青年守則有云：「有恆爲成功之本。」梁啓超〈論毅力〉：「有毅力則成，無毅力則敗。」俄國大文豪《戰爭與和平》作者托爾斯泰云：「決心就是力量，信心就是成功。」劉教授生於貧寒之家，有志於學，對車胤、孫康「焚膏油以繼晷，恆兀兀以窮年」的勤苦奮鬥之精神，深受感動，又具有三心一力的耐心，遂將書齋命名爲「螢雪齋」。多才多藝的

偉人富蘭克林說:「有耐心的人可以得到他所想要的一切。」
宣哉斯言。劉教授是這句千古不渝的至理名言最佳的註
腳、印證。

二、飲水能思源

　　臺灣閩南諺語云:「吃菓子,拜樹頭。」劉教授飲水
能思源,數典不忘祖。

　　他振葉尋根,觀瀾索源,追溯祖籍係廣東潮州府饒平
縣嶺腳鄉的城下社。臺灣中西部本為饒平客家的最大分布
區,嘉義、民雄之間的劉姓,多半係饒平客屬,臺灣客家
最大姓是劉。劉教授的故鄉,是嘉義縣民雄鄉興中村劉竹
仔腳。他未嘗見過祖父,乃父與祖母相依為命,家境拮据,
常無飯可吃。乃父既學行兼優,又力求上進,可惜無人栽
培,家徒四壁,小學畢業後,惟有勤於耕讀,公餘之暇,
熟讀古籍,每日閱報,誠如《老子‧第四十七章》所云:
「不出戶,知天下。」見多識廣,多才多藝,背誦《三字
經》、《千字文》、《幼學故事瓊林》、《四書》、《唐
詩三百首》,並常愛不釋卷的,有線裝本的《三國演義》、
《東周列國志》、《紅樓夢》,又熟讀顏真卿的書法,熟
悉平仄、押韻、對偶,輒吟詩、作文、賦詩,其書法傳後
代子孫,劉教授耳濡目染,潛移默化,書法出類拔萃,異
於常人。乃父母皆刻苦耐勞,勤儉持家,生活淡如水,平
淡無奇,並不奢求美華。劉教授受父母的影響,至深且鉅,

從小養成克勤克儉、節衣縮食的艱辛奮鬥之精神，不怕挫折，不懼貧苦，而能夠安貧樂道。《孟子‧滕文公下》云：「上有好者，下必有甚焉者矣。」此「上」，引用暗指「乃父」；此「下」，引用暗指「劉教授」。誠哉此言。

三、生命的鬥士

　　劉教授從「赤腳的童年」、「貧血的少年」，至「立志為人師表的青少年」，皆是不懼赤貧如洗，不畏千辛萬苦。《孟子‧告子下》云：「天將降大任於是人也，必先苦其心志，勞其筋骨，餓其體膚，空乏其身，行弗亂其所為；所以動心忍性，曾（通「增」）益其所不能。」劉教授真是此句的最佳詮證，也是最好的註腳。

　　劉教授於民國三十一年生，八歲入小學，接受啟蒙教育。童年時代，每天早晨起床後，就打著赤腳，俟晚餐後，洗過腳，才穿上木屐或草鞋到上床就寢。小學六年期間，天天打著赤腳上學，全班學生只有兩個穿鞋子，一個是校長兒子，一個則是校長的侄子。春、秋兩季，打著赤腳上學尚可，俟夏、冬兩季，那就痛苦難堪。夏天太陽如火傘高張，當時沒有鋪柏油路，只有小石子路。馬路被太陽一曬，地上燙得像一把烈火，真要人命，走快可以減輕腳底的疼痛，但小石子路一走快，很容易跌倒。走慢時，腳底疼痛增多，真是快慢兩難。農夫農婦跟學生一樣，打著赤腳在田裡工作，惟有公務人員穿鞋子上班，不受日曬雨淋。

　　有一次，民雄鄉舉辦國小國語演講比賽，當時老師騎腳踏車載劉教授去參加比賽，老師看其他小學小朋友都穿鞋子，惟獨自己的學生沒有穿鞋子，當時急得像熱鍋上的螞蟻，不知如何是好，只好讓劉教授打著赤腳上臺演講。《禮記・中庸》：「凡事豫則立，不豫則廢。」豫，事先準備。童子軍有三句名言：準備、日行一善、人生以服務為目的。俗諺云：「養兵千日，用在一時；養書千日，用在一朝。」又云：「平時有儲蓄，急時不用愁。」這些格言都可以奉為金玉良語的至理名言。王陽明說：「知是行之始，行是知之成。」、「必有真知，方能力行。」惟有真知力行，才能開花、結果。待人、處事、治學，何嘗不是如此？劉教授雖家境赤貧，但人窮志不窮，不向惡劣環境低頭，艱苦卓絕，奮鬥匪懈，勤學苦讀，終於皇天不負苦心人。小學畢業時，榮獲縣長獎；畢業後，順遂考上臺灣省立嘉義中學（即今國立嘉義中學）的初中部。兩喜臨門，全校師生獲知打破歷年來紀錄，歡樂不已，父母及家人更是欣喜萬分。古人有云：「十載寒門無人問，一舉成名天下知。」劉府平常門可羅雀，如今喜訊紛至沓來，簡直門庭若市。里民紛紛來恭賀，絡繹不絕。

　　劉教授從小玉體羸瘦，營養不良，勤苦讀書，匱乏運動，加上蟯蟲寄生於腸中，導致嚴重貧血。有一次，導師帶領全班往彌陀寺郊遊，他走到半途，導師發現他臉色蒼白，目眩神昏，差一點暈倒在地，導師請一位同學陪他先回家休養。後來申辦休學，在家休養。休養一年後，再復

學，賡續苦讀勤學未竟的學業。劉教授少年患有貧血症，上學又必須騎腳踏車到民雄，再從民雄坐火車到嘉義，又步行三公里，才到學校。往返耗費甚多體力、心力，後來雖改搭公車，但又因橋斷，公車停駛，只好每天騎腳踏車，行程十公里，風雨無阻。他認為「吃盡苦中苦，方為人上人」，於是提高自己生命的鬥志，不懼挫折、不畏阻礙，披荊斬棘，乘長風，破萬里浪，終於一帆風順，實現他的心願，他的理想。劉教授是千真萬確、不折不扣、艱苦不拔的一位生命的鬥士，令人敬佩不已。研讀他的《七十自述》，等於閱讀一部奮鬥史，可以激發每個人的工作能力和奮鬥精神。

四、苦盡甜美來

　　劉教授省立嘉義中學初中部畢業，同時考上嘉中高中部、省立嘉義師範學校，馳名遐邇，名傳鄉里，真是雙喜臨門。老天真是不辜負苦心人，他三年苦學精神，力爭上游，終究如願以償，可謂「三年有成」。兩校皆是名校，難以抉擇，父母毫無意見，由他自己決定。他也深入長考一段時間，後來決定就讀師範學校。一則劉教授認為還有弟、妹要就讀初中、高中，不能太自私，這是家境括倨所致。二則師範學校既有公費，又有分發教職，可以當老師。蘇東坡〈超然臺記〉云：「可樂者常少，而可悲者常多。」劉教授心領神會「苦盡甜美來」的甜蜜滋味。

　　師範學校三年，劉教授認真學習，努力研究，本著「教育第一，師資至上」的理念，悉力以赴，因為「教育國之本，師資責任重」。惟有高深的學問，才能造福人群，服務學校。可是，時光如火箭，日月如太空梭。三年，彈指間，如輕煙，被微風吹散；如薄霧，被初陽蒸融。畢業後，分發至嘉義縣梅山鄉梅山國小，服務三載期間，他與摯友蔡信男老師準備報考大學聯考。這時他們「手牽手，心連心」地共同奮鬥，向理想目標邁進。兩位老師常利用公餘之暇，茶餘飯後，手不釋卷，全神貫注，讀書如痴如狂，分秒必爭，這時才翫味清代張潮《幽夢影》云：「有工夫讀書，謂之福。」是一句千古不變的金玉良言。劉教授考上臺灣師大童教科（即今公民道德與活動領導系），翌年與省嘉師同窗沈榮昱捲土重來，自己考上臺灣師大國文系，沈君考上臺大經濟系。其摯友考上成功大學中文系，翌年轉學至臺大中文系，隔年又轉系至法律系。真是皇天不負苦心人，都能如願以償。

五、憶塵年往事

　　劉教授臺灣師大國文學系畢業，應聘至省立民雄高中服務一年，預備軍官也擔任一年國文老師。在軍中準備研究所考試，因此每天晚上及假日都留營苦讀，挑燈苦讀，茶餘飯後，利用零碎時間苦讀。逸廬云：「利用零碎的時間，可以創造偉大的事業。」退伍前，果然「皇天不負苦

心人」，考取臺灣師大國文研究所。榮獲碩士學位之後，赴實踐家專（即今實踐大學）教書，兼任導師，受聘為講師。第三年（民國六十六年八月）擔任講師兼註冊主任，同年十一月八日，榮升副教授，轉任臺北醫學院（即今臺北醫學大學）副教授兼主任秘書。民國七十五年，升等通過，榮獲教育部教授證書，七十六年至八十九年教授兼任主秘，同年八月起辭主任秘書兼職，從此以後，皆是陽春教授。九十九年二月一日退休，改聘為客座教授。今（九十九）年三月十二日應邀至基隆長庚醫院演講「臺灣仁醫的身影」，內容精采，博得聽眾喝采，佳評如潮，可喜可賀。

六、師恩浩如天

　　韓愈〈師說〉云：「古之學者必有師。師者，所以傳道、受業、解惑也。」古人有云：「天、地、君、親、師。」師生如父子。「飲其流者懷其源，學其成時念吾師。」師恩浩大如天，比海深、比山高，春風化雨，綠化大地。師恩如蠟燭，燃燒自己，照亮別人。劉教授飲水思源，感念恩師有七位。首位恩師，係小學四、五年級劉光道老師，他後來也赴成功大學土木工程學系深造。次位是小學六年級鄭東壁老師，他和校長輔導劉教授，考上省嘉中初中部。第三位是省嘉師校長熊茂生，推行德、智、體、群、美五育並重。第四位魯實先教授，是臺灣師大名教授，擅長史

學、文字學、曆法，著作等身。第五位程發軔老師，曾任臺灣師大國文學系主任，著有《國學概論》、《春秋左傳地名圖考》，擅長左傳學與曆法。第六位林尹老師，曾任臺灣師大國文研究所所長，著作等身，有《中國聲韻學通論》、《文字學概說》、《訓詁學概要》等十本書。第七位胡自逢教授，係劉教授碩士論文指導教授，著作有《金文釋例》、《周易鄭氏學》等五本書。劉教授恩師都是名師，所謂「名師出高徒」是也。

七、光明的人生

　　劉教授「耕讀傳家」，發光、發熱，使人生更光明、更絢燦，真是「光明的人生」、「智慧的人生」。薩提說：「有智慧而不將其灌注於生活中的人，有如一個耕田而不播種的農夫。」劉教授將智慧灌注於生活中，服務教育界、貢獻社會。以「耕」的精神而言，他於實踐大學、臺北醫學大學，曾任主任秘書、註冊組主任、人事主任，犧牲個人，奉獻教育，在所不惜。因此，今（二〇一〇）年二月一日起實踐大學敦聘他為「客座教授」，賡續為該校奉獻，這是他該得的殊榮。以「讀」的精神而言，他認為「讀書之樂樂無窮」、「讀書最樂」，讀寫相長，著作有《戴東原思想研究》、《陸宣公學記》、《戴學小記》等七本書，著作等身，編有《智慧語錄》。《莊子·養生主》：「吾生也有涯，而知也無涯。以有涯逐無涯，殆已。」以有限

的生命追求無窮的智慧，宜適可而止，身體第一，學術其次。所謂「留得青山在，不怕沒柴燒」。劉教授的光明人生、智慧人生，帶給後代子孫必定是光明的未來。

八、祝劉昭仁壽

　　拜讀劉昭仁《螢雪齋主人七十自述》，感動良深，敬佩萬分，欣羨不已。他本著「放開肚皮容物，立定腳跟做人」的寬大心胸，去包容他人，由自愛、小愛，擴展至大愛，施比受更有福。《老子‧第八十一章》云：「既以為人己愈有，既以與人己愈多。」這種「犧牲享受，享受犧牲」的精神，令人佩服五體投地。適逢劉教授七十大壽，茲鑲「劉昭仁壽」於每句句首，賦詩一首，敬表祝嘏之意。押下平聲「先」韻。

　　劉府客家最大姓
　　昭明太子頌千年
　　仁心孝道傳今古
　　壽福猶如月印川

蔡宗陽　敬識
二〇一〇年三月二十五日
于陽明齋晚靜堂

先祖母

先　父
（背景為竹仔腳老家）

先　母
（背景為竹仔腳老家後院）

興中村江厝店廣安宮（三山國王廟）

義橋玉岡公派下宗祠崇文祠堂

國小畢業時　　　省嘉中初中部時　　　省嘉師時

小學就讀的興中國民學校（照片攝於49年8月29日國小同學會，前排左一為筆者，時就嘉義師範學校。）

興中國民小學現貌

↑與台灣師大國文系同學合影
　右二為筆者

←就讀台灣師大國文系時

學士照

五十歲時→

碩士照

任教實踐家專時

←六十歲時

內人蕭壽美攝於興中國小
時民國 59 年

全家福（攝於台北市長泰街寓所，時民國 70 年）

全家福（攝於劉竹仔腳老，時民國 74 年 2 月 20 日）

與內人遊廣西桂林陽朔，時 96 年 7 月 16 日

鵬風好奮垂天翼

螢雪勿忘濟世心

螢雪齋主人

民國九十六年肖三十日

緒　言

　　我的故鄉在嘉義民雄，螢雪齋是我定居臺北市以後的小書室，螢雪齋主人就是我。我自入小學啓蒙以後，就非常喜歡讀書，也許是天性吧，因爲當時也不知道有關讀書的大道理、讀書的好處或讀書的重要性。

　　就讀臺灣省立嘉義師範學校（今已改制成國立嘉義大學）時，有一年學校校慶，校門口搭起一座牌樓，上面兩句對聯寫著：「鵬風好奮垂天翼，螢雪勿忘濟世心」，此後對聯就永銘心版。

　　東晉時的車胤，孜孜不倦，博覽群書，苦於家境貧困而常缺少燈油，夏天，捉來幾十隻螢火蟲放入白絹袋裡，利用螢光照明，夜以繼日苦讀。果然，長大以後，風姿美劭，機悟敏速，甚有鄉曲之譽，而後終顯於朝廷。又南朝時的孫康，家貧，冬天無錢買燭，夜間借雪的反光來讀書。這是「囊螢映雪」典故的由來。螢雪齋主人幼生長在寒家而有志於學，對車胤與孫康的恭勤苦讀精神，深受感動，於是把小書齋取名爲「螢雪齋」。

　　人都喜歡憶往懷舊，尤其是上了年紀的人。「人生在世急如風」，螢雪齋主人已入「不踰矩」之年，難免也日

漸喜歡懷舊憶往，往事常常魂牽夢廻，往事真如弘一大師說的「悲欣交集」。茲把往事與所見所聞、所思所感記述下來。

祖籍尋根

　　自從就讀小學以後，偶爾要填寫一些關於家庭狀況的表格，其中常有祖籍欄。第一次問父親祖籍，父親說是廣東省饒平縣。後來祖母、父母與二哥先後去世，他們的墓碑都刻上「饒平」或「饒邑」字樣。

　　後來查看書籍文獻，知道更詳細的祖籍是廣東潮州府饒平縣嶺腳鄉的城下社。潮州府共轄有九縣，即大埔、豐順、海陽（潮安）、潮陽、揭陽、饒平、普寧、惠來、澄海。前二縣純屬客家縣，後六縣均以福佬為主流，客家居次，而澄海縣則幾無客家。

　　饒平縣是廣東最東的縣份，全縣是個狹長的河谷，北半部為客語區，南半部是福佬語區。在臺灣，除了新竹、豐原、高雄右昌零星發現有饒平福佬移民外，一般祖籍饒平者，幾乎全為來自北半部的客屬[1]。

　　台灣中西部原本為饒平客家的最大分布區，若干鄉鎮內的大宗族，都源自饒平，如苗栗卓蘭、彰化竹塘的唐、員林的張姓，雲林斗六至嘉義民雄之間的劉姓、郭姓，大

---

1 參見邱彥貴・吳中杰《台灣客家地圖》，2004 年 1 月，城邦文化事業公司，頁 60。

抵皆饒平客屬[2]。

　　劉姓是饒平客屬的重要姓氏，而台灣客家人的第一大姓就是劉。台灣劉姓人士，不論目前使用語言為何，他們之中很大的一部分祖籍是饒平[3]。

　　舊名打貓的民雄，東邊丘陵上的北勢子和東勢湖，也住了賴姓、許姓的饒平客家。然而民雄鄉最多客家的地區，還是在西南部，現在興中村、福興村、山中村這幾個聚落中，劉、張、熊、賴等幾個主要家族，二十世紀開始前都會用饒平客語溝通[4]。

　　三山國王被視為客家的原鄉神祇。傳說在隋朝時，廣東有神人三兄弟，領受天命，分鎮中山、明山、獨山等三山，而後歷朝歷代屢次顯聖，護國佑民。宋朝時受誥封為「三山國王」。三山位於潮州府揭陽縣（今劃歸揭西縣），因此成為潮州府的代表性信仰，並傳播到鄰近的惠州府與嘉應州部分地區。日後三府州的移民，將三山國王奉往台灣，成為拓墾台灣的客家移民的守護神，客家與三山國王遂被畫上等號[5]。本屬地方性神祇的三山國王，而後成為台灣人的共同信仰，無論福佬或客家，拓墾進入山區，都以三山國王為入山保障。三山國王廟不僅見證了客家人移墾台灣的歷史，更是安定客家人心靈的明燈。

2　同註 1。

3　同註 1。

4　邱彥貴‧吳中杰《台灣客家地圖》，城邦文化事業公司，2004 年 1 月，頁 67。

5　參同註 1，頁 100。

　　三山國王排行最小的獨山國王，傳說中卻是法力最高強的一位。對照大、二王的袍服、斯文形象，鎧甲武裝且執劍的三王，被信徒認定最擅長除妖伏魔。宜蘭地區甚至出現了所謂的「武身三王」，武裝且騎馬的三王，不但戰鬥力充足且機動迅速，可立即飛馳前來解除信徒的危機[6]。

　　我的故鄉是嘉義縣民雄鄉興中村劉竹仔腳，該村由江厝店、劉竹仔腳及義橋三聚落組成。江厝店在清代乾隆年間建有一座三山國王廟。我的母親是民雄鄉東勢湖許安公的長女。由上面的考述，我的先祖及雙親，應該都是廣東饒平的客屬，只是從來沒有聽過祖母、外祖父母及雙親講過一句客語。

---

6 同註 1，頁 102。

祖宗與世系

　　追溯我們劉姓，應該遠自帝堯陶唐氏，姓伊祁，爲帝嚳與陳鋒氏所生，名放勳，居山西臨汾，受封於劉，故地是今河北省唐縣。堯十六歲即位，建都在平陽，今爲晉州。在位七十二年，使舜攝位二十八年，駕崩，享壽 116 歲，葬在山東省東平縣。堯生九男二女，長男監明公，本想立爲太子，因早亡不得立，因此，封其子永河公於劉，其地在今河北省唐縣，初居山西平陽縣，後裔以國爲姓，這是劉姓的根源。

　　到了夏朝傳到十八代祖宗累公，曾經做過孔甲帝的宰相，很善於養龍，封御龍侯。後來遷到河南魯山縣，才發揚劉氏的姓。在商朝高宗武丁時，被封於豕韋（今河南渭縣東南）。商代末年，又徙封唐地（含山西翼城西），建唐國，稱唐氏。周成王時，唐國被滅，遺族改封杜原（今陝西西安市南杜陵），建杜國，國君叫杜伯。到了周宣王42 年滅其國，杜伯之子叔隰跑到晉國。子杜蒍爲士師，所以爲士氏。孫士會公到秦國去，後又回晉國。留居在秦國的爲劉氏，後由秦遷徙沛。經過春秋、戰國，士會公的後代子孫住在魏國，又遷徙到豐。杜伯十六世傳到劉煓，字

執嘉，生有四子伯仲季交，季子就是劉邦。劉邦除秦滅楚，建帝業於徐州彭城，以咸陽為都，是為漢高祖。漢朝自高祖而光武到獻帝，享國 425 年。後分三派，孝武帝諱徹，出為黎閣郡派；長沙定王諱發，出為豐沛郡派；中山靖王諱勝，出為彭城郡派。從此，派下有彭城劉姓之稱，各認其派。彭城在今江蘇之北，河南之南，古稱徐州。

　　到了三國時代，蜀漢有備公，被視為漢室正宗。自從五胡亂華以後，備公次子劉永的後裔，遷居江南。到唐末僖宗乾符二年（西元 875 年）黃巢亂起，劉永的第三十三世孫翰林學士劉天錫棄官奉父翔（或作祥），避居福建汀州寧化石壁洞（今石壁鄉）[1]，為東派；翔兄劉翱，官知建

1 據《劉氏族譜》，入閩始祖劉翔，於唐僖宗乾符二年，避亂遷居寧化石壁（客家人），後裔於宋嘉定年間，遷居上杭及粵東興寧等地（客家人）；另支遷泉州（福佬人）。其後裔劉國軒，於明萬曆十五年，隨鄭成功入台居台南（福佬人）。
寧化石壁為客家人的總祖地，研究客家學前輩羅香林教授，一再強調寧化石壁是客家人的搖籃，也是客家人的總祖地，因為客家人與許多福佬人的族譜，都是記載著他們的祖先是來自閩西寧化的石壁。不久前，在世界客屬懇親會及海外僑領的支持下，在石壁興建了一座客家公祠，1995 年 12 月落成，以做為客家精神的象徵。
客家公祠背靠武夷山，面瞰石壁盆地，在寧石公路旁聳立著巍峨的公祠牌坊，上面題有「客家祖地」四個大字，從牌坊進到祠堂的四百公尺水泥徑道，兩旁種有整齊的樹木，青翠蓬勃。過了立有「客家魂」石碑的拜殿，就到了祠堂，祠堂仿古宮殿建築，雕樑畫棟，美侖美奐。堂內供桌上供有 128 姓客家人的祖先牌位，莊嚴肅穆，令人起敬。在碑亭內有一座綠色大石碑，正面碑文寫著：「寧化石壁，鍾靈毓秀，客家發祥於此，客家民系成長於此，由此拓展，達四海，衍五洲，心繫根兮，魂繫故土，拳拳遊子心，依依故鄉情，與客家總祠，聚列祖列宗英靈於一堂，振客家之雄風，是客家精誠團結的象徵，是我輩賢哲，敬宗謁祖的寄託，也是客家人愛鄉愛祖

州，在當地成家，稱爲西派。劉翱後封朝散大夫開國公，宋呂東萊曾題他的像贊說：「幼而岐嶷，長歷要津，存心忠義，御下慈仁，公封開國，位列名臣，拯饑救溺，美德世陳」。劉翔封金吾將團衛國公，呂東萊題他的像贊說：「入承美渥，出宰名州，文教能敷，武職亦修，笑談幕府，幹運良籌，名昭青史，奐千百秋」。

　　到了宋寧宗嘉定（西元 1208 年頃）以後，東派後裔又從寧化經上杭，遷徙到廣東興寧、平遠，子孫傳衍分支，而有劉若蓮在流溪頭新橋開基，劉學箕派繁衍福建南靖；劉開七肇基於廣東梅縣。開七子劉廣傳及孫巨源、巨淥、巨洲、巨淵、巨海、巨浪、巨波、巨漣、巨江、巨淮、巨河、巨漢、巨浩、巨深等播居各地。開七公由石壁洞遷居寧化縣城內，宋寧宗嘉定間，官授潮州都統制（猶如清代之總兵），率卒往興寧岡背剿匪，卒於營，即葬。廣傳公宋理宗端平乙未二年（西元 1235 年）進士，出任江西瑞金縣知縣。

　　明鄭時期（西元 1661 至 1683 年），據台灣嘉義《劉氏族譜》載：明末清初有劉氏子孫隨鄭成功入台灣。其祖劉茂燕，本爲鄭成功麾下戰將。明永曆十三年（1659），鄭成功與張煌言合力北伐，圍攻南京，不幸戰敗，茂燕陣

的情思，公祠屹立於武夷山南段，承接武夷山之靈氣，蔚起客家之精靈，祈望客家裔孫，吉祥繁榮，永世其昌。」（錄自林瑤棋《台灣客家人的播遷與世系源流》，載於《歷史文物》月刊第八卷第五期，87 年 5 月）。

亡。鄭成功復台後，派人到茂燕家鄉大埤鄉（今福建省雲霄縣下河鄉大埤村），接取劉夫人及其子劉求成來台灣，鄉中族人也有部分同往。劉求成起先住在台南市，後到台南柳營墾殖。清朝乾隆中葉，劉享入台北，從此分佈北中南東部等地，以開七公派下子孫居多。

　　台中縣東勢鎮開七公的後裔，在道光丙午年（1846），為敦親睦族起見，有劉文進購得土地在東勢鎮東安里，提供新建祖祠。今知劉氏大宗祠，除東勢敦睦堂劉氏宗祠外，尚有台北萬華劉氏家廟、中壢平鎮劉氏家廟、新竹新埔上枋寮劉氏家廟雙堂屋[2]。

　　劉氏的堂號有：彭城、沛國、弘農、河間、中山、梁都、頓丘、南陽、東平、高密、竟陵、長沙、河南（以上郡望堂號）、藜照、德馨（自立堂號），以彭城為最著。

---

2 雙堂屋位於新竹縣新埔鄉上枋寮 78 號。筆者於民國 87 年 3 月 29 日曾往參訪。其榜曰藜照堂，入門內左右壁上有聯，曰：「賴祖宗積德累仁以有今日，願子孫立名砥行勿墜先猷」。二進屋聯曰：「彭城衍派家聲舊，祿閣傳經世德新」。祖先牌位廳前楹聯曰：「世號五忠光世第，家傳七業振家聲」。屋後有納骨塔，叫瑞閣園，為鋼筋混凝土構造，墓穴 280 平方公尺，川堂 28 平方公尺，拜堂 105 平方公尺，由橋居美國建築師李澤楚所設計，陸和順土木工程師結構設計。拜堂入口聯曰：「新埔開基地靈人傑，彭城遺澤源遠流長」。園外側左右聯曰：「天祿仰先賢俎豆馨香懷祖德，地靈人傑啓後秀桂蘭馥郁振家聲」。祖堂正門聯曰：「自昔家風宗渡虎，于今門第挹雕龍」。橫披為「鐵漢家聲」。每年春秋祭祖，即正月初四日及八月二日。
按該家系屬第 138 代廣傳公第四子巨淵公子裔，至 142 代文和公，與筆者族同祖。

真所謂「千枝萬葉一支根，四海百川同歸源」[3]。

　　第 145 代祖谷祥公，字禎善，爲廣東饒平石井鄉的開基祖，生於元惠宗至元 2 年 4 月（1336），卒於明洪武 23 年 11 月（1390），年 58 歲。先祖何人始自饒平遷台，已不可考，又何祖自斗六前粵籍九莊大崙移居民雄鄉興中村，也不可考。只可確知第 158 代祖玉欽公已居於興中村劉竹仔腳，而其堂兄玉岡公則居於興中村的義橋。玉岡公子孫兩代都高中舉人，故祖祠「崇文祠堂」，得以興建翹脊燕尾。祠堂正間對聯即嵌有祖籍與現今居地地名。（崇文祠堂大間楹聯曰：「玉清持家勤儉，崗正處世以禮節」；門聯曰：「義昭千載英靈清譽垂萬世，橋聚祖功宗德丕振家聲遠」；橫披：「饒衍梓里德澤慶太平」，祠堂內的對聯曰：「協和一致喜看融融新氣象，泰氣無邊還尋靄靄舊文章」（其一）；「崇岳奇峰秀水源流長活本，文章詩禮傳家舊緒永遺風」（其二）。至於玉欽公派下亦另有宗祠在義橋，其後子孫移居竹仔腳，宗祠也移村中，號稱「劉氏公廳」，而在義橋的舊宗祠，雖然猶在，但已荒廢。

　　自谷祥公至父親樣公的世系如下：

谷祥公（禎善，145）→寄生公（146）→阿古公（147）→宗通公（148）→崇禧公（149）→（缺名，150）→元興公（151）→義華公（152）→浩明公（153）→喬岳公（154）→維順公（155）→三及公（156）→銳文公（157）→玉欽公（158）→子燦公（159）→向榮公（160）世淡公（161）→守哲公（162）→正公（163）→樣公（164）

---

3 據民國七十五年台灣省新竹縣劉姓宗親會恭印《劉氏大宗譜》。

沐浴慈恩

一、憶祖父母與外祖父母

我從未見過祖父，連照片也不得一見，因為在父親九歲時他就去世了，時為民國五年一月十二日（農曆四年十二月八日）。據稱他的元配夫人和兒子，大概死於 1904 年（農曆二月二十三日）的一場嘉義大地震。當時原適於文隆村盧氏的祖母郭會孺人新寡，於是娶郭氏續絃。據祖母說，當時祖父對妻兒的雙亡，哀痛逾恆，常在屋前屋後哭泣。

祖母郭會孺人，民國前 38 年 4 月 3 日（農曆甲戌年 6 月 4 日）生，民雄鄉新庄人氏，自小為文隆村盧氏的童養媳。婚後育有一子一女，盧氏卒時子女還很稚幼，祖母再嫁，子女都跟隨她到劉家。祖母與祖父生四子一女，四子只有老么存活，老么就是我的父親，而一女就是姑母劉銓，長後嫁到嘉義市北榮街的陳府，姑丈叫陳進來，當時在玉山林管處當阿里山森林火車的駕駛員。父親的異父哥哥盧氏，育有二子及數女，抗日戰爭時期來劉竹仔腳同住，戰後才回文隆村定居。其二子就是盧清池、清山兩兄弟，祖

母很關愛他們。父親的異父姊姊嫁到興中村江厝店的蘇家，是我的大姑母，生有萬源、萬欽、金國表兄及表姊多人。

那個時代的婦女幾乎人人纏足，祖母自不例外，三寸金蓮，走起路來婀娜生姿。印象中的祖母，已經龍鍾老態，拄著枴杖，常在村子裏遊走串門子，有時去文隆村探望孀居的媳婦－我們叫她爲伯母的一家人，也常去江厝店探視她的女兒女婿，至於遠在嘉義市的姑母家，則必須有人陪她搭車才能去。

祖父棄養後，父親與祖母真是孤兒寡母，相依爲命，生活相當艱苦。父親就讀小學期間，祖母常四處遊走，很少在家，致父親每每放學回家後找不到祖母，無飯可吃。

父親的學業成績雖然相當優秀，品學兼優，又知力求上進，可惜沒有人能栽培，小學畢業後，只好在家學種田。父親結婚後，祖母有了媳婦侍奉，家境依然艱困。然而，住在文隆村的伯母一家，經濟更不理想。祖母每次去探望，都會想方設法帶點東西去。

自從我上了小學後，對祖母的印象日日加深，她每天在屋裏拿著蠅拍撲打蒼蠅。她有一些手藝，如會用月桃葉編製草鞋。晚飯後的夏夜，常在廳前小院鋪張草蓆，我們小孩子們或坐或臥，數著天上的熠熠繁星，傾聽祖母說的故事。祖母手中揮著用大王椰子葉做成的扇子，扇風消暑。（那時還沒有電風扇）。每到冬天，如遇寒流，祖母則火籠不離身。

當時家中養羊當副業，祖母很喜歡養羊。其實，養羊成爲我們幾個小孩該做的事。我唸小學和初級中學的時候，一放學回家，就牽著幾隻羊到田野讓羊群吃草。有時我們小孩不在家，祖母就自己牽羊去吃草。有一次她被繩子絆倒在地，被路人扶了起來。羊養大以後就出賣，當時常有人來買羊。賣羊的錢通常是父親拿去貼補家用，有時父親會分一些給祖母，如果沒有給她，她是會向父親要的。

我們居住的村子，四周幾乎被竹子圍繞，有麻竹也有刺竹，而且全聚落都姓劉，所以被稱爲「劉竹仔腳」。（而後才有別姓入居）。麻竹有幾丈高，老竹籜隨風飄落，有人來收購去包裝蔬果。祖母常拄著枴杖，入竹林撿取出售。每次她都被刺竹刺傷流血，看了心中不忍，所以我們小孩一有空就會幫她撿集。

祖母對神明的信仰，無疑是十分虔誠的，每遇到自己生病或孫子們生病，就去求神問卜，邁著三寸金蓮，步行到江厝仔的神壇膜拜祈福，求聖水回來。這種信仰頗影響到母親，但是，父親並不相信這一套呢！在我的記憶中，有一次祖母生了重病，父親延醫診治，母親則侍奉湯藥，我們小孩子稚幼，不能爲她做什麼事，只好在心中祝禱她早日康復。病中的祖母要父親買罐頭梨吃，我們小孩子看著梨罐，雖然垂涎三尺，但是沒有人吵著要吃。祖母的病逐漸痊癒勿藥，父親就把藥倒棄，鄰居看見了，還以爲祖母病入膏肓，已撒手人寰，魂歸西天了，紛紛前來探詢。

台灣社會在四、五十年代，腳踏車是最普遍的交通工

具。父親每天騎著腳踏車到民雄魚市場上班，風雨無阻；我們小孩則騎著腳踏車到嘉義唸初中、高中，當然也是不避風雨。當時只有小石子路，還沒有平坦的柏油路，印象中家裡不知總共騎壞了多少台腳踏車。有一次父親買了一台當時最拉風的日本富士霸王牌原裝腳踏車，羨煞了鄰居與同仁。不料有一天，車子在民雄魚市場被偷了。祖母對那竊賊咬牙切齒，破口大罵。父親報警協尋，車子終於在基隆找到了，全家人都感到十分欣慰，當然最感高興的人就是祖母。

　　祖母自八十多歲後，不再離家外出，只在屋前屋後走走。有一天跌倒在屋後的小院子，怎麼爬也爬不起來。據說上了年紀的老人如果跌倒，最好讓他自己爬起來，或協助他自行起來，否則就會一跌成恨。父親是知道的，可是看到祖母始終無法自己爬起來，就前去把她抱到床上，從此以後，祖母就一直臥床，其實她沒有生什麼病。大約經過一年多，不幸於民國五十年八月十日（農曆六月二十九日）午後，與世長辭。

　　說來真有「靈犀一點通」的事，祖母逝世的前幾天，在江厝店的大姑母回來看她，問她說嘉義的阿銓（即姑母）有沒有回來看妳？祖母答說：「大概等我死了她才會回來吧！」。說巧不巧，就在嘉義的姑母回來的那一天，姑母未踏進家門之前，祖母已經斷氣了。祖母死後，全家頓時陷入悲戚的氛圍中，這是我有生之年頭一遭與親人的死別，當時我就讀嘉義師範學校二年級，正在放暑假。祖母

享壽 88 歲，福壽全歸，卜葬於民雄鄉義橋第十四公墓。祖母一生非常平凡，惟其懿德與身影，永在子孫心中。

外祖父許安公，民雄鄉東勢湖村人；外祖母何蔥孺人，民雄鄉西安村人。印象中外祖父母終年都穿著黑衣黑褲，爾而由東勢湖村步行來劉竹仔腳看望我們，這時是我們小孩子最為高興的時刻，因為他們總會帶來一些好吃的東西，我們最期盼他們的光臨。

外祖父母育有二女三子，母親是長女，其妹阿姨嫁往民雄鄉西庄，後來遷居屏東市，極少來往，感覺不很親。大舅與二舅都務農，三舅任職於鐵路局，公餘種田。於今只有三舅母尚存。小時候母親偶而帶我們小孩回娘家，時外祖父母猶存，舅父母三家都爭先招待。

外祖父對漢學有深的根柢，尤其熟諳中醫藥，晚年還在民雄街上的太和中醫診所受聘駐診，仁心仁術，活人無數，甚具口碑。父親略諳中醫藥，有病時自行開處方，家中有幾本線裝的中醫書籍，如《醫宗金鑑》、《湯頭歌》之類，一定受傳自外祖父那裏。

外祖父飽讀醫書，而外祖母則目不識丁，母親也未曾受過教育，不識之無，女子大多未曾就學，當時風尚如此，教育極不普及。

當時外祖父頗受鄉里敬重，東勢湖村中有座「三界公廟」，就在舅父家旁，為村中信仰中心，香火鼎盛，所以擁有豐厚的廟產。外祖父受託管理，將廟產登記在自己名下，以便管理，（當時尚無完善的法規與管理制度）並非

欲占為己有。

　　民國 97 年 8 月間，我突然接到台灣嘉義地方法院的掛號公文，真如丈二和尚摸不著頭緒，這是平生首次與地方法院接觸，原來是「三界公廟」向法院申請塗銷廟產的所有權登記。外祖父的後人，包括內外孫、曾孫等，都有財產繼承人的身分，於是都成了被告，被通知要出庭。當然，我們毫無異議，同意原告申請塗銷，於是委請住在嘉義市的四弟漢民就近出庭全權處理，事已解決。

二、憶父親與母親

　　父親樣公，民國前四年十二月二日（農曆戊申年十一月九日）生，與母親同庚。世居民雄鄉興中村劉竹仔腳，排行四男，上有哥哥三人，都夭亡。祖父正公，妻與子於 1904 年農曆二月二十三日一場嘉義大地震而亡，於是續絃娶祖母，生父親及姑母銓。民國五年祖父逝世，父親才九歲，與祖母與姑母三人，孤兒寡母，相依為命，生活舉步維艱。同年父親啟蒙，入台南州江厝店公學校（即今興中國民小學），勤奮向學，十五歲畢業時，因成績優異及勤學，榮獲校長頒發一等賞及三等賞賞狀（賞狀至今尚存）。因家境困苦，無法升學，就在家務農。同儕中升學者多人，其中蕭海南先生還後來當了興中國小校長（我就讀該校時，校長就是蕭先生）。父親把這個遺憾，投射在子女的教育上，特別殷望子女能出人頭地，督促子女讀書甚嚴。

其實，他也鼓勵左鄰右舍的小孩讀書，堂兄劉海清，當年嘉義高農畢業，苦於無業可就，在父親的鼓勵下報考台南師範的特師科，終於被錄取，一年後即當了小學教師。

父親二十四歲時與母親結縭，母親是民雄鄉東勢湖村許安公的長女。父親與母親訂婚後三年才結婚，因為家境窮苦，無一瓦之覆，且其妹先出嫁，待新屋建成才結婚。外祖父安公精通中醫藥學，晚年還在中醫診所駐診，仁心仁術，活人無數。父親擁有一些醫書，如《湯頭歌》、《醫宗金鑑》之類，都得自外祖父，於是也稍諳中醫藥，如遇自己或家人生病，便自開藥方，至中藥店抓藥煎服，往往而癒，如遇大病，當然還是延醫診治。

父親的前半生屢換職業，好像滾石，家計艱困。28 歲時任民雄合資會社三泰商行書記，33 歲任民雄合名會社共榮商行書記，38 歲任民雄鄉農業會雇員助理員，曾升任碾米廠部主任及倉庫工場部主任。曾一度去職，在家飼養一大群荇鴨，讓其生蛋出售。42 歲拋家別子，到千里迢迢的淡水新生療養院任書記，為時約二年。當時大哥二哥就讀高初中，大姊念國小高年級，因沒有父親的督教，學業成績都不甚理想，大姊畢業後沒有升學，而二姊學業基礎不好，後來父親南歸了，極望她升學，而沒考到學校，輟學了。44 歲起，服務於民雄魚市場管理委員會，任會計業務，直到 67 歲退休為止，一度魚市場主任委員出缺，還代理此職，暫撐大局。

父親多才多藝，會讀古文、吟詩、寫文章、作詩、珠

算，也寫一手好毛筆字。記得他在中年時，炎夏的中午，常常躺在客廳的木床上，誦讀《四書》、《論語》，誦聲琅琅，自得其樂，旁若無人。我唸初中時，學校規定每週要寫書法二張交閱。我對書法本具興趣，在小學時曾代表學校參加縣級比賽，可惜沒得名次。父親總覺得我的書法幼嫩，就一口氣寫了幾張示範，要我臨摹，內容是「顏魯公書，力透紙背」、「為善最樂，讀書便佳」等等，我的書法因而進步不少。後來五弟擅長書畫，也是受到這種庭訓家教的薰陶所致。家中每年春節的春聯，都是父親寫的，在春節前幾天，就買回來幾張紅紙。有一年歲末，他的業務特別忙碌，除夕那天還沒空寫春聯。未經父親的同意，我就取出紅紙揮起毫來，並貼了上去。父親回來看見了，起先默不作聲，而後莞爾。

　　父親在公務餘暇，必看報紙，而且看得很認真仔細，從第一版看到最後一版，從大標題看到小標題。所以見聞廣博，天下事無不知曉。他不諳國語，如遇疑問，回家後問我們小孩子，譬如「某中卯上某乙」、「卯」是什麼意思。

　　父親也喜歡古典詩歌，懂得平仄、押韻、對偶的道理。平時讀些《千字文》、《三字經》、《幼學瓊林》、《千家詩》、《唐詩三百首》，還典藏線裝的《三國演義》、《東周列國志》各一部，並常問我們有關《紅樓夢》的事。茲錄父親在民國 57 年 1 月 17 日，寫給就讀國立高雄師範大學的四弟漢民的信，以見父親文章的一斑。

近日寒流侵襲，漸見寒冷，未知身體安康，如常功課否，以爲遠念之忱。你當謹慎加衣保衛，健強身體以效率，功課進步，幸甚！十六日昭仁來信所云，現時雖然氣候變態，亦確保身體健康，又云學校期末考在八日結束，下月十日左右可即返鄉（期日未定），若知期日可能作信來知，未知你歸期如何？倘若知情者，亦當寫信告知。你父欲知（力ネ）之家詳址，親翁姓名，眷屬幾何？家庭環境等項詳情，暗中查明，順便告我，（或待回家告知亦可），切勿對方知道，因爲「探聽作媒」之由耳。余無別事，專此達知

你父寄　新 1 月 17 日

父親會建造與修繕房屋。我老家以前的土塊厝，是父親蓋的。所謂土塊厝，即以土塊先砌好四周的屋牆，用竹木混合隔間，屋牆內外先塗上泥巴，再塗上石灰，屋頂蓋上瓦片。而屋後的豬舍，則以磚砌成，屋頂蓋以茅草。屋子裏每張通鋪大床，先架上小木柱，再舖上木板，上面舖上一張大草蓆。春天與夏天睡起來很清涼，但是一到秋天冬天，則不耐五更寒了，尤其寒流來襲之時，所以在秋冬之季，大概農曆十月後，在草蓆下必再墊上厚厚的稻草。每遇颱風，總有部分屋瓦被大風吹掉，大開天窗，屋裏漏水。必等到颱風後天晴，父親便升屋修繕。而豬舍屋頂上的茅草舊腐則翻新，因豬舍比較低矮，修繕時，我們小孩因好奇，也尾隨在父親後面，爬梯子上屋頂湊熱鬧。土塊

厝前後住了幾十年，日漸老舊殘破，不勝修繕，在民國七十年左右，才由當建築師的大姊夫設計重建。

父親還會裁製簡單的男裝，而且是無師自通，左鄰右舍嘖嘖稱奇。後來，二哥初中畢業後沒有升學，去當裁縫學徒，學成後在民雄市場內開一家西服店，自號為「維新西服號」，營業二十多年，可說得自父親做衣服的細胞。當我結婚時，他自己裁製一套西裝送我。

父親個子高大，身體微胖，村子裏的長輩或同輩，直呼他「長腳樣」。他可真文武全才，犁田、插秧、割稻等農事，都難不倒他。他因在外服公職，家裡的幾甲農地，就由佃農承租耕作。當時政府推行「三七五減租」、「公地放領」、「耕者有其田」等土地改革政策，認定父親已非自耕農，這些農田就歸佃農所有，自己只剩下後來自購的幾畝薄田。父親公務之餘則操作農事，小時候我們小孩子常常跟著父母親到田裏去。

父親的脾氣沒有母親那麼好，管教小孩有時施以打罵。他在魚市場工作，起先一、二十年工作是在夜間，黃昏時候上班，晚間各地魚貨入市拍賣，第二天上午才下班回家，所以午餐後必睡午覺。當時我們小孩子幼稚無知，不會體諒他的辛勞，大玩捉迷藏的遊戲，吵得他無法睡眠，他就大發雷霆，罵我們甚至打我們。其實父親心地是十分善良的，孝慈的，外剛而內柔。事奉祖母至孝，雖然衣食菲薄，從未忤逆祖母，致祖母可四代同堂，享壽八十八歲。

父親很注重孩子們的功課，成績進步就喜形於色，退

步則立顯失望的神色，而後加以鼓勵打氣。他常對我們說的一句話是「鈍刀要勤磨」。我們幾個小孩都能自動自發，多下功夫，「人一能之己十之，人十能之己百之」，因此課業成績都還差強人意。記得當我國小畢業要考嘉義中學初中部的那一天，父親一大早就從民雄趕回來，匆匆吃了幾口稀飯，就用腳踏車載我到考場應考，並且陪考一整天，考完又載我回家。還好，金榜題名，沒有讓他失望。初中畢業，報考嘉義中學的高中部。試前我跟父親說，我自己單兵應戰就可以了，不必陪考。沒想到考完第一節走出試場，卻看到了父親的身影。後來我也報考嘉義師範學校，結果兩校都錄取。到底要就讀那一所學校，使我陷入長考，傷透腦筋。自知這一次抉擇，是人生的轉捩點，父親並沒有給我意見，最後我自己忖度家境，祖母已八十多歲高齡，下又有三個弟妹在讀書，所以選擇了就讀享有公費的嘉義師範。沒想到我還沒當老師，在我高二那個暑假，祖母去世了。

　　父母親爲人處世都相當仁厚，在記憶裡頭，他們從來沒有和左鄰右舍發生口角爭執。有一次，父親在馬路上撿到一個皮包，裡頭有些證件及鈔票。父親從證件上找到失主的姓名及地址，第二天就把皮包投郵寄還。父親心思縝密，處事有條不紊，所以能夠勝任魚市場非常繁重的會計工作。當他兼代魚市場主任時，有人密告承銷人魚貨登帳有愛昧之嫌，他除親自面告上級釋疑外，並寫長信澄清。但是，父親從不爲了自己的事而和別人計較什麼。村子裡

原本都姓劉，都是族人，房地都是祭祀公業所有，從未分割；村外還有一塊祭祀公業所有的旱田。房地土地有一段時期，父親受託保管，任何族人要使用土地來請示他，他一概應允，而自己卻不曾占用寸土尺地，還時常對我們說，住在鄉下這個地方，不會有什麼發展，你們如果有能力的話，還是去外頭求發展。

父母最擔心的事是孩子生病，偏偏我在讀初中二年級下學期期考前夕，因為蟯蟲寄生腸胃而患了嚴重的貧血症。父母親帶我去省立嘉義醫院住院約一星期，出院回家休養一段時日。年過半百的父親，幾次用腳踏車載我到民雄就醫除蟲。我坐在父親單車的後座上，父親吃力地踩著腳踏車，氣喘如牛。我心中愧疚萬分，好在康復了，可是已經錯過期考甚至補考的時間，只好休學在家。

父母親都節儉刻苦，節衣縮食，生活單純，沒有什麼嗜好。只是父親喜歡抽煙，偶而吃飯前喝點米酒。當我在中壢仁美第一士校服預官役的一年中，軍中按月分發香菸。我自己不抽菸，於是全都帶回家「孝敬」父親，父親顯得很高興。那時根本不知菸害的嚴重性，政府也未有宣導及禁菸的政令，還鼓勵國民抽菸呢！方今知道抽菸真是百害而無一利，菸害是相當嚴重的，越覺得當年送菸給父親抽，是多麼「愚孝」呢！好在父親晚年罹患輕微的腦中風後自己戒掉菸酒。他很愛乾淨，頭髮總是理得清清爽爽的，幾乎每兩星期就理一次髮。直到體力較差，行動不便，依然按時請村子裏的理髮師到家為他理髮。我們男女小孩

小時候的理髮師不是別人，就是父親。當時男孩子都理光頭，是用剃刀剃的。有一次么弟「剃髮」時，父親不慎，皮破血流，最後還是父親把他治癒的。

　　父親自幼及長操作農事，身體本來是很硬朗的，因為養育八個兒女，家計沈重，加上年事逐漸高長，終於積勞成疾，在六十七歲那年罹患中風，申請退休。延醫治療後情況一度好轉，可自行慢走在田野間，一村繞過一村。後來情況較差，左手左腳麻痺，不再外出了，大部分的時間躺在床上。母親民國八十二年四月逝世後，父親病情時好時壞，曾有一次急性十二指腸出血，送嘉義基督教醫院治癒的。大約半年多後又臥病在牀，被病魔折騰一年多，在民國八十五年一月十日與世長辭，享壽八十九歲。父母雙亡，失怙失恃，風木之悲，永無已時。

附：〈侍父住院感懷〉

　　七月十五日凌晨，在家鄉的大哥來電稱父親血便，情況危急。於是與五弟分向服務學校告假，攜家帶眷自台北南下，抵家門後立即護送父親到嘉義基督教醫院急診，經陳啓益醫師照胃鏡後，斷定是十二指腸潰瘍，因已失血過多，並給予輸血，一番折騰後，父親被送進加護病房，觀護五天後病情穩定好轉，轉入普通病房六〇六室。父親已八十七高齡，那堪這樣大的折磨，但在陳醫師及護士群的醫護之下，父親的病起色很快，一週後十二指腸潰瘍已痊癒，但是體力復原極慢，又繼續住院療養幾天，於八月三

日出院。對陳醫師的妙手回春,以及護士群的辛勞,在此致上萬分的敬意和謝忱。

父親住院期間,兄弟輪番看護,親友陸續前來探訪。我在醫院陪侍父親五天四夜,在此略抒所感。

嘉義基督教院創立三十多年,規模已具,最近新建戴德森紀念大樓落成,設備更新,門診及住院病患極多,住院病房一床難求,給予病患的福德無量,醫師群仁心仁術,護士群溫和親切,對病患給予溫馨的稱呼,如稱我父親「阿公」,聽起來非常窩心溫暖,以基督博愛濟世之心面對病患,苦病患之苦,精神令人感佩。

六〇六房共有五床,病患三男兩女,第五床的青年出院當天,一位老婦接踵住進。病患與病患之間,或家屬與家屬之間,相處多天彼此熟悉了,互相聊天,閒話家常,研討病情,相互照顧,並不寂寞,真是「同是天涯住院人,相逢何必曾相識?」

我每夜睡在一張小木板床上,挺不舒服的,每天早上起來迎朝曦,到樓下醫院附近走走,再上樓侍奉父親早餐,護士隨即來打點滴,就守著吊在父親病床上的點滴,偷閒看看書報,好不容易到了傍晚時分,推開窗簾,夕陽西沉,彩霞滿天,油然想起唐朝李商隱的詩句:「夕陽無限好,只是近黃昏」,而感懷不已,人生的整個旅程,猶如一天之中有朝曦、艷陽與夕陽,少年好像朝曦的東昇,青壯年猶如艷陽的當空,而老年好像西墜的夕陽,於是我心中油然祈禱著,但願在醫院中的病患,不管是小孩、少年、青

年或老人，都能在醫護人員的悉心照顧之下早日康復，生病住院不是他們生命的黃昏。

夜幕低垂後，整個醫院中來探病的家屬及親友多了，等一陣嘈雜聲之後，逐漸歸於沉寂。就寢後，一夜數驚，醒來多次，看看父親及其他病患，而鼾聲、夢囈、呻吟聲雜陳，此起彼落，往往再難以入眠，此時候特別覺得長夜漫漫何時旦？巴不得趕快起來迎接朝曦。

嘉義基督教醫院是一所教會辦的醫院，當然硬體設備無法和台大、榮總等國家醫院相倫比，所以覺得強化軟體方面，就顯得非常必要與重要了。譬如院中禁煙的宣導有待加強，雖然到處貼有禁煙的標語或標幟，也定時用廣播宣導，但仍有部分病患及家屬吞雲吐霧，視若無睹，聽若罔聞，同是病患或家屬，總難以開口勸導，還是有勞院中的醫護人員。其次覺得醫院中噪音很大，病患不得安寧，病患與家屬之間，也不宜彼此勸導糾正，仍以醫護人員的立場加以勸導糾正為宜。

父親已經出院回家休養了，陪侍父親住院的辛苦已經忘了，但是對醫護人員的恩德與形影，永銘心版，不能忘懷，讓我再度以最誠摯的心意，來感激嘉基所有的醫護人員。

（原載《嘉基院訊》47 期，1994 年 10 月）

母親姓許諱珠，民國前四年六月二十九日（農曆戊申年五月二十六日午時）生，民雄鄉東湖村人，是外祖父母

的長女。二十四歲時，憑父母之命、媒妁之言，嫁給父親。之後子女接二連三出世。父親有個異父同母的哥哥，我未曾見過，而對伯母則印象深刻。伯母也有一群兒女，住在鄰村，但抗日戰爭時期，和我們住在一起。母親與她們妯娌間相處很融洽，相安無事。戰後伯母一家遷回文隆村。

　　母親的脾氣相當好，管教孩子從不打罵。一生的足跡，最遠只到斗南，因為大哥一度在斗南郵局任職，夫妻在斗南賃屋居住，母親偶而去探望，平時只在村子裡活動。遇到左鄰右舍，都親切招呼寒暄。鄰居有事，一定自動幫忙，譬如秋收農忙時，鄰居在曬穀場曬稻穀（現今已用烘穀機了），常在霎那之間，天空烏雲密佈，雷電交加，是下西北雨的前兆，必須搶收曬穀場上的稻穀。母親就自動幫忙。我們家是小農戶，稻穀收成極少，在曬穀時如遇驟雨將落，鄰居也會來協助。每當蕃薯盛產期，家家戶戶忙著曬蕃薯籤。我們家的蕃薯收成不多，甚至有時沒有種蕃薯，必須向鄰居購買一大堆的蕃薯，堆放在屋子裏，然後用手工製成籤，曬乾後裝袋儲存。大部分用來餵豬，小部分作為人吃的雜糧，煮成蕃薯籤飯。這種飯當時吃得非常膩，都盼望吃白米飯。如今每天吃米飯，對蕃薯籤飯反而更加回味懷念。製曬蕃薯籤的繁重工作，大都落在母親身上。當時有人每天到鄉下搖著鈴賣冰棒或芋頭冰，可用錢買，也可拿蕃薯來交易。我們幾乎是用蕃薯來換取的，對這種鈴聲特別敏感喜歡，每天期待它的出現。

　　母親不會做衣服，只會縫補衣服，但有不少手藝，每

當逢年過節，是她展現手藝的時候，端午節的粽子、中秋節的麻糬（印象中中秋節極少有月餅可吃，只吃母親做的麻糬），春節的年糕、發糕、蘿蔔糕，以及歲末過年前的謝平安（即客家的「完福」或「圓福」，答謝農產豐收，在農曆十月十五日下元日舉行）所用的紅龜粿，冬至的湯圓、糯米糕等，都是母親的巧手做的，我們小孩只能從旁協助，但是沒有一個把這些手藝傳承下來，說來可惜。但是話說回頭，時代變得太快了，這些食品今天都有商人專業製作，可以買現成的，不必自己製作了。

母親一輩子勤儉持家，每天除了洗衣、煮飯、帶孩子（後來還帶孫子），還要種菜、養豬、養雞、養鴨、養鵝，更要協助農作，每天從早忙到晚，好像一個陀螺，轉個不停；但是沒有一句怨言，沒有什麼希求，也沒有什麼慾望，只求全家平安過日子，看到孩子、孫子日漸長大，內心十分滿足快樂。她一生沒有穿過好的衣服，一年到頭總是一襲黑長褲與開襟的黑上衣，雖然滿頭黑髮，因為體格瘦弱，看起來老態龍鍾。晚年子女們買了一些衣服給她，衣著稍有改變，但是黑長褲依舊。很多好的衣服仍然捨不得穿，直到去世以後，還從她的衣箱中取出不少新的衣服焚燒給在天上的她呢！

母親最擔心孩子挨餓、受凍、生病、受苦，所以天天準時製備三餐，有時家中只一兩個人吃飯，也照樣忙碌著。我喜歡看母親煮飯、燒菜，因此，略諳烹調。她有好吃的東西她捨不得自己吃，而留給孩子、孫子。母親怕冷成性，

一遇刮風下雨或天氣轉涼，必定把小孩子叫回來添衣。至於小孩子生病，則憂心忡忡，寢食難安，求神拜佛，祈求保佑。我們八個兄弟姊妹，因病而折騰父母，以我為甚。記得當我念初中二年級的下學期期考前夕，因腸裏寄生蟯蟲（俗稱血蟲），嚴重貧血而住院，住院期間是母親陪的。病是痊癒了，可是錯過了期考及補考日期，只好休學在家。在我這一生最大的一次挫折中，體悟到更深的親恩。在未復學的這段時日，時常和母親抬著木製大水桶，到離家二百多公尺的井汲水，抬水回家備用（現在村中已使用自來水了）。母親總是把水桶放在靠近她的那一頭，意即不加重我的負擔。我雖然每次要求她改放靠近我的這一端，她嘴中說好，其實並未行動。母親對孩子的功課不太留心，更不會要求，因為她不識之無，可是她巴望子女成龍成鳳的心意，我們孩子們都知道的。

　　孩子甚至於孫子日漸長大了，陸續成家立業了，紛紛離家外居，大哥在斗南郵局服務，賃居斗南多年，嗣後調回民雄郵局，定居於民雄街上。大姊二姊及三妹先後出嫁。我則自十七歲起就讀嘉義師範學校，依規定住校，畢業後任教於梅山國小三年，之後考上台灣師大，讀書、畢業、結婚、上研究所後，在台北任教，都一直在外，四弟五弟也都因求學、就業而離家了。最後只剩二哥二嫂一家人與父母親同住，而二哥又在民國七十五年六月病逝，翌年二姊又逝。所以父母親的晚年是相當寂寞失落的，在外的子孫雖然盡可能返鄉探視，總無法彌補不能承歡膝下、晨昏

定省的愧疚慚惶。

　　母親養育八個子女，一生操勞家務，致瘦骨嶙峋，背有點駝。早年健康情形尚好，沒有患過什麼大病，可是晚年體衰，且患高血壓、心臟病諸症，進出嘉義基督教醫院數次，多虧大哥及四弟等就近照顧，依然在民國八十二年四月二十五日（農曆閏三月三日）午後逝世家中。當天我正好自台北返家，和大哥二人親見她撒手人寰而萬分無助，情何以堪？母親素素淡淡地過了她的八十六年。

　　先祖與雙親已相繼仙逝。過去我們兄弟姊妹在慈恩下生長，而今而後，他們託生在我們身上。只要我們及後代的子孫存在一天，他們就存在一天。

赤腳的童年

　　我的故鄉民雄鄉興中村劉竹仔腳，四周竹林環繞，約有二十多戶人家，當時都是劉氏宗親。東邊有一條小河，被視為母親河。平時河水清澈見底，淙淙潺潺；雨後則呈混濁，淘淘奔流。河上有橋，名叫「興中橋」，原是木板橋，漆上黑色的防腐漆，所以村人都稱它為「黑橋」。後來木板橋壞，改建為水泥橋。

　　橋下自然形成一個小潭，是村中婦女每天早晨浣衣的地方。潭中偶有鴨鵝悠游。河潭中有小魚小蝦，我小時候常在河中戲水捉魚蝦以為樂。有時村人用電電魚，爾而更有外村的人毒魚，死魚從上游漂來，而半死半活的載沉載浮，猶作困獸之鬥。村人外村人圍集在河岸撈魚，都有斬獲，極為興奮，我及家人偶也參與其中。後來上嘉義師範學校，讀《四書》，孟子有數罟不入污池之誡，才頓悟那些電魚毒魚者一網打盡、竭澤而魚的行徑，甚不以為然。

　　我出生於民國 31 年，美日太平洋戰爭方酣，因為台灣是日本的殖民地，美機常來轟炸，以大城市被炸為甚。記得當時父親從附近山上砍了一些相思樹，在家附近挖築一個防空洞。而村子裏最好的防空洞有兩座，是大富豪水雁、

水福叔公所築的。當我唸小學時，馬路兩旁幾乎五步就挖一個深坑，是防空用的，但是從未見過敵機來空襲。倒是常有青蛙掉進坑裏，可以捉青蛙。

水雁、水福叔公是村中的大地主，許多村民是他們的佃農。他們住著高宅大屋，雕樑畫棟，屋邊庭園種了很多果樹。每當結果之時，村裏的小孩常去偷果。不知在我幾歲的時候，水雁叔公逝世了，父親帶我到他的靈前行禮祭拜，這是我平生第一次看到棺木，稚幼的心中十分懼怕。當天晚上思緒澎湃，輾轉反側，無法入睡。

對童年有比較深刻的記憶，是從八歲啓蒙入小學開始的。童年時代，每天早晨下床後就打著赤腳，不論在室內或走出屋外，一直到晚餐後洗過腳才穿上木屐或草鞋至就寢。

小學六年之間，是天天打著赤腳上學的。全班的學生只有兩個穿鞋子，一個是校長的兒子蕭泰雄，另一個是校長的侄子蕭正裕。

在夏天及冬天打赤腳是特別難受的。當時沒有柏油路，路上舖著小碎石（鵝卵石）。這些小石子，夏天被太陽曬得發燙；冬天嚴寒，赤腳已覺得冷，又走在小石子上，兩隻腳掌是發紅的。今天在公園裏設有健康步道，許多人刻意走健康步道，是為了保健。但是，那時我們是被迫走「健康步道」的。當時不只學童都赤腳，所有的農夫農婦也都赤腳，只有須上班的公務人員才穿鞋子。鄉下人天天都做「腳底按摩」，難怪比城市人健康。

　　小學六年的情景，至今記憶猶新。六年之內有五個級任老師，依序是劉順居、侯求、李春園、劉光道（四、五年級）、鄭東壁等先生。我入小學後就喜歡讀書，但是到三年級才開竅，學業成績猛進，體育及其他才藝課程較遜。三年級下學期結束時，已是全班第一名。學期中我雖然請過病假，但是，李春園老師為了鼓勵我，也發給我「全勤獎」。

　　四年級換了新級任老師劉光道先生，是同村義橋人，與我們有宗親之誼，剛從台南師範學校畢業。開學當天，就指定我擔任班長，真是受寵若驚。一至三年級的班長，都是由校長的兒子蕭泰雄當的。老師一宣布我當班長，他立刻背起書包，一路哭回家（他家在校內校長宿舍），說要回去向媽媽申訴。

　　我們同年級的有三班，升上六年級後，學校把要升學的集中成一班，請鄭東壁老師擔任級任老師，教授國語和常識（含歷史、地理、自然與公民），而由校長親授算術，每天放學以後留校「課後輔導」（即所謂的惡性補習），天色暗了才放學回家。當時惡性補習是國小教育的嚴重問題之一，縣府裏的督學，偶爾會來突襲視察，如被發現，老師及學校就被議處。但是，督學來前學校如聞風聲，當天必正常放學，不課後輔導。

　　我們上課的教室是原來全校老師的辦公室，教室前面的壁上掛著一座時鐘，門邊的木柱上有上下課的按鈴，沒有移置新的辦公室去。我當時當班長，老師就把上下課按

鈴的工作交給我，一直到畢業。

校長比鄭老師嚴格，所以上算術課比較緊張些。我對國語和常識比較拿手，有一次老師在黑板上寫從未教過的成語「責無旁貸」，要我們解釋，全班頓時啞然，我不加思索，破口說道「不可把自己的責任推給別人」，老師十分訝異，接著莞爾。

有一次，鄉內舉辦國小國語演講比賽，四所國小都派代表參加。老師要我當學校代表，他寫了一篇長稿，要我背誦，並試講二次。比賽的地點在民雄初級農校（一度改制為省立民雄高中，現為國立民雄農工職校）的大禮堂。老師用腳踏車載我去，我當天依然打著赤腳，不以為意，因為天天赤腳，習以為常，父親也疏忽了，老師也沒有料想到。老師急死了，不知如何是好，想臨時向民雄初農的學生商借一雙，又苦無認識的學生。當然，最後我是赤腳上台演講的，可想而知，成績大受影響，無功而返。如今一想到這樁醜事，都十分慚惶羞愧。而後，又被選為書法校代表，赴嘉義市民族國小參加縣內書法比賽，因強中更有強中手，也沒有得名次，愧未給學校爭取榮譽。

畢業典禮上，我獲頒縣長獎（當時縣長是李茂松先生），得獎狀一紙、鋼筆一支，父母親與家人自是非常高興。接著就要迎接升學考試了，所謂「養兵千日，用兵一朝」，級任老師與校長比我們小朋友還要緊張。當時學校沒有《國語日報》或各種兒童讀物可看，我們對作文個個一竅不通，鄭老師擔心死了，一口氣自作十篇文章，分給

我們，要我們限時背誦，以備考試之需。老師讓我和其他三四位同學報考省立嘉義中學初中部（當時未聯考，但各校招生筆試在同一天舉行）。其他同學則報考縣立初中。放榜結果，我和林明義考上省嘉中的初中部，而郭正次考上該校的新港分校，成績打破學校歷年來的紀錄，校長及全校老師都非常欣慰，父母親及家人更是欣喜萬分，雀躍不已。

　　在放榜之前，有一天，校長帶我和林明義、蕭泰雄三人去縣立嘉義中學，參加保送生的口試。口試完畢，校長帶我們到他的親戚許竹模律師家午餐。（許律師後來曾出馬競選嘉義縣長落選），這是當時有生以來最好吃的一餐，因為我是鄉下小孩，未曾吃過這麼好吃的飯。一飯之恩，永生不忘。結果我們三個人都沒去就讀縣立嘉中初中部，我和林明義入了省立嘉義中學初中部，而且很巧在同一班；而蕭泰雄後來就讀省立嘉義工業職校，之後各奔前程，很少聯繫。而與郭正次因有親戚之誼，聯繫較頻繁。郭正次成功大學畢業後，留學美國，獲博士學位，歸國後任教於國立交通大學，還是小兒明岳碩士論文的指導教授，今已退休。

貧血的少年

　　我就讀省立嘉義中學初中部，起初是購火車月票通學的，月票以三個月為期，票價比較便宜，不過必須到民雄站上車，所以每天很早騎腳踏車到民雄，再搭火車到嘉義，下了火車，從車站步行約三公里，才到學校；放學後又步行到嘉義火車站，搭火車回民雄，再騎腳踏車回家，天色都暗了，尤其時值冬季，晝短夜長，天色暗得快，必摸黑回家。有一天，騎到家附近的「黑橋」，連人帶車跌了一交，受點外傷，於是父親答應我改搭縣公車（是嘉義到溪口線，我在中途的義橋站上下車）。車票是月票，每月申購一次，當然票價比火車月票貴得多，嗣後不久，「黑橋」壞了待修，溪口線公車繞道行駛，不再經過我家，只好自行騎腳踏車上下學，由家到學校，全程可約十公里，天天如此，風雨無阻。此後，我的兩位弟弟到嘉義讀初中及高中，也都是以腳踏車代步的。

　　打開記憶的窗扉，初中時候一些老師的身影清晰浮現，初一的英文科老師許豫昌先生，右手殘缺，是用左手寫字的；國文科吳崇蘭老師臉上長了麻子，是小說家，寫過《蘭嶼木舟》等小說；童子軍老師聞道高先生，理化老

師樓春吾先生，數學科吳仁地先生；而二年級時，國文科楊鳳威老師兼導，任重老師帶數學，……。

每天晚上必溫習當天的功課，並預習翌日的功課，端坐在中廳木床前家中唯一的一張舊書桌前，一燈熒熒，直到夜深才就寢休息。當時，在我們鄉下，晚間常有賣藥的、布匹的商人來做生意。他們在村中選一處廣場，開賣之前必繞全村敲著鑼，以招徠觀眾，等村民稍聚之後，開始或歌或舞或說說故事趣譚，間則賣藥賣布。因在茶餘飯後，村民將之視為一種娛樂，成群圍觀。母親見我讀書勤苦，有好幾回慫恿我去觀賞，我對這個興趣缺缺，還是唸我的書。雖然這般用功，成績僅差強，趕不上住在市區的同學。後來知道很多市區的同學，放學後都往補習班跑，非常羨慕他們，自己沒有條件去補習，只好上課更專心聽講，在家更勤加溫課。

我的身體從小瘦弱，又生長於鄉下，營養不良，加上勤於讀書，缺少運動，在二年級下學期，又有蟯蟲寄生於腸裏，導致嚴重貧血。有一次楊鳳威導師帶領全班到彌陀寺郊遊，在半路上我臉色蒼白，目眩神昏，無法跟著前行，老師叫我先回學校休息。此後貧血病越來越嚴重，無法上學，父親帶我到省立嘉義醫院住院約十天，由母親陪著，那個學期期考甚至於補考日期都錯過了，只好申辦休學，在家休養，所幸日漸康復，翌年的二月才復學，仍讀二年級，而原班的同學已讀三年級了，這是我人生最大的挫折。

立志爲人師表的青少年

　　民國 48 年 6 月，我省立嘉義中學初中部畢業，報考該校的高中部及省立嘉義師範學校，兩校都金榜題名，名傳鄉里。嘉義師範的入學考試，除了一般的筆試之外，還考幾門術科，包括音樂、美術、體育，並加口試。音樂考五線譜及試唱，體育考跑一百公尺、推鉛球及跳遠，美術考石膏像素描，口試時並作演講，臨時自抽一個講題，演講五分鐘以上。

　　就讀高中或師範學校，未來前途絕大不同，是人生重大的抉擇與轉捩點。到底要如何選擇，陷入了長考。父母親及兄姊並沒有給我意見，由我自己決定。基於家庭經濟、祖母已年邁（時已八十六歲）、一個妹妹兩個弟弟還要念初、高中，而師範學校有公費可享，畢業就可當國小老師等因素考量，決定就讀嘉義師範學校。

　　嘉義師範新生報到日期在省立嘉義中學之前，在八月八日下午，然而前一天南部刮颱風，鬧水災，河水暴漲，淹沒田畝，漫漶馬路，一片汪洋澤國。八日風止雨未停，洪水稍退，縣公車停駛。我披著雨衣，吃力地踩著腳踏車，在風雨中前行。心中意識到「前途」的多艱。先把腳踏車

停放在縣政府旁的姑母家，然後步行到學校報到註冊。

　　開學後就住校，每逢星期六、日才可回家。因為平生首次離家，非常想家，每週都回家，以後住校生活習慣了，回家的次數逐漸減少。嘉師的學生，以嘉雲兩縣為多，每年二千多考生應考，僅錄取一百多人，可謂集嘉雲兩縣初中部畢業生之精英，學生全為公費，集體住校。雖然沒有普通高中生的升學壓力，但懍於將來要為人師表，教育興國，使命重大，都能努力學習。

　　嘉義師範學校創立於民國四十六年，是當時第十所師範學校，也是最年輕的一所。首任校長為熊茂生先生，我畢業後，熊校長調省立新營中學，再調省立中壢高中。學校改制師範專科學校後，校長為耿相曾先生、蘇惠鏗先生。而今已併入國立嘉義大學。

　　當時學校位於嘉義市東區的林森路上，是由林森國小改制的，校舍全是木造，林森國小雖他遷，但仍有部分師生在這裏上課。我是學校開辦後的第三年入學的，學校設備極簡陋，沒有餐廳，教室的走廊就是餐廳；把普通教室改充寢室，每間如擠沙丁魚似的住了全班 46 個人，睡上下舖的鐵床，每學期上下床互調。後來，學校以新台幣四十多萬元，蓋了一座漂亮的禮堂，名叫「日新堂」，兼餐廳使用。學校各項設備依然很克難很簡陋，但是，每一個學生並沒有抱怨，因為知道學校始創，創業維艱，而且學校生活極為溫馨，師長如父母，同學朝夕相處，休戚與共，肝膽相照，情逾手足。尤其我們這一班（普八班），極為

團結，每遇各種競賽，無不人人全力以赴，幾乎每次合唱比賽，都獲冠軍，可見一斑。

　　三年級的下學期，葉棟樑老師帶全班到嘉義市垂楊國小集中實習，每個同學都成了準老師。接著有十來天的環島畢業旅行。三個班分乘三部寶島遊覽公司的車出發，首站是台南市，夜宿高雄女師（今日的國立高雄師大），其後的旅程，依次爲台東、花蓮、蘇澳，羅東、宜蘭、台北、基隆、新竹、台中，而返嘉義。每到一處，如有師範學校，就宿於當地的師範學校，白天參觀數所國小或文教單位，並遊覽名勝風景區，風塵僕僕，行程緊湊，好不興奮。旅程中有一事畢生難忘，當時由宜蘭要上台北，車行北宜公路，經九彎十八拐的最高頂，大夥兒讚嘆風景的美麗，太平洋的浩瀚，不意遊覽車水箱水滾了，蒸氣衝破水箱蓋，向車內直噴。司機的雙手燙傷了，但忍痛不敢鬆手，車又不易煞住，最後輕「撞」山壁才停了下來，差一點就連車帶人滾落幾丈深的山谷裏，後果不堪設想，真是千鈞一髮，神飛魂散。每次想到這件事，餘悸猶存。當晚安抵臺北師專，已是晚間八點多了。

　　通過緊張的全省應屆師範畢業生統一國語文大會考後，畢業了，等待縣政府分發國小任教。我被分發到梅山鄉梅山國民小學，跟我同校的有同班的蔡信男及女生班的黃美智。向學校報到，成了小學教師。

　　同年進入梅山國小的新進教師有 11 人之多，因爲當年該校有多位老師被調往他校。後來才知多數被調原因是談

戀愛，學生家長給老校長施壓（當時校長江德宜先生，已六十多歲），要求行政調動，把這些老師調往他校。梅山是個小山城，民風的保守可見一斑。我們剛到校不久，老校長把我們這批新老師集合起來精神講話，下下馬威，旨在警告我們不可重蹈覆轍，要引為殷鑑。

梅山國小座落於梅山鄉中山路上，是一所規模算大的小學，全校共有五十班左右，每年級約有七、八班。每次月考、期考，班際間的競爭激烈，致同一年級的級任老師之間明爭暗鬥，尤其以五、六年級的升學班為甚。升學班每次模擬考試，老師們常常為了學生的成績與名次，爭得面紅耳赤，大傷感情，殊覺無謂。

我第一年擔任四年級級任老師，蔡信男則擔任五年級，須對學生課後輔導（即所謂的惡性補習）。我和他一起住在一間簡陋的宿舍裏，起先由我負責燒飯，後來嫌麻煩，我們和同事李朝木老師（美術專任老師），三餐一同上市場解決。

一年後我受命教五年級升學班，需要給學生「惡性補習」。我向校長推卸不教，校長稱這是應許多家長們的要求，無奈接了下來。一年後再向校長表示辭意，終於獲得首肯，改教四年級，卸下了升學輔導的壓力。而蔡信男老師也同時不再教升學班了，我們兩個人有志一同，相約準備參加大學聯考。於是爭取時間讀書，除了開會，極少進辦公室；下班之後，更是手不釋卷，全神貫注，直到深夜，上床倒頭就入睡，連小偷光顧都不知不覺（因兩人都是單

身，家徒四壁，夜不鎖戶）。爲時一年，分秒必爭，讀書如癡如狂。

　　當年大學聯考，嘉義未設考區，須就近去台中或台南應考。我們去台中中興大學報名，接著是聯考考試，遇到了好多位嘉師的同窗好友。我考上國立台灣師大童子軍教育專修科（是二年制，畢業後未授學位，今已改制爲公民道德與活動領導系）；而蔡信男老師成績較佳，考上國立成功大學中文系，分別前往台北、台南註冊。54 年 9 月 4 日至 10 月 30 日，在台中成功嶺受大專學生暑期集訓，結訓後才回學校就讀。一年後蔡老師轉學至台大中文系，再一年後轉台大法律系。我則一年後重考入台灣師大國文系。

初入學術殿堂的青年

　　我因個性內向，自知極不適合擔任國中童子軍教育的老師，於是和同時考入該科的省嘉師同窗沈榮昱君，二人志同道合，立志重考。童子軍教育專修科的核心課雖然不很重，但因興趣缺缺，覺得枯燥無味，每上專業課程，就偷偷看高中課本，因為教授極不願意學生重考，如被發現，死當無疑。我自嘲為大學裏的高中生。一學年後重考考上台灣師大國文系，而沈君則考上台大經濟系。至今回憶起來，二次準備大學聯考期間，是一生之中最用功讀書的時段。

　　我對國文極具興趣，國文系大一的核心課程較少，以後則逐漸加重，大二的文學史、文字學，大三的聲韻學，大四的訓詁學，都相當吃重。所以在大一時，幾乎把全副精神投注在英文上。當時師範學校的畢業生到師大升學的相當多，師範生的英文基礎普遍不好，與普通高中畢業的，有極顯著的差距。所以學校開英文特別班，給這批師範生修習，教材比較淺，在晚上上課，須上二年。當時我沒有選修特別班英文，而上大一的英文課。上英文課是我最緊張的時刻，最怕教授叫起來讀英文。課餘時間幾乎全用在

讀英文上，須把課文讀熟，甚至背誦，因爲考試方式有塡充題和問答題。真是「皇天不負苦心人」，兩學期的英文成績都低空飛過，有驚無險，心裏十分欣幸。語云：「凡流淚播種的，必歡笑收割」，一點也不錯。後來報考台灣師大及政大國（中）文研究所的入學考試（都考英文，政大還考作文），都能金榜題名，與大一時苦讀英文有極密切的關係。

　　因爲我當過三年小學老師，又在台灣師大讀了一年，年紀比剛從高中畢業而來師大的同學大，因此他們都稱呼我「劉老師」，第二學年推選我爲班長，有一次舉辦鸞鷥潭郊遊，教授詩選的汪中導師也參加了。三年的導師是教詞選的尉素秋教授，曾經帶我們去遊中和的圓通寺；四年級的導師是曾忠華教授，帶國文教材教法課程，率全班到台北市和平國中（已改制爲和平高中）集中實習一個多月，而後有十多天的環島畢業旅行。民國五十九年六月畢業，赴台北北投復興崗服役兩個月，結訓後才回到家鄉的省立民雄高中任教。在大四上學期末（59 年 1 月 15 日），與蕭壽美結縭。妻是我任教梅山國小時的同事，嘉義市人，台南師範特師科畢業。她後來轉教嘉義市僑平國小、台北市蘭州國中、華江國中，民國 87 年在台北市雙園國中退休。

　　在台灣師大畢業前夕，返鄉拜訪民雄高中李士崑校長，李校長給了聘書。在復興崗服役時，曾利用假日，與同系嘉義師範畢業又同時台灣師大國文系畢業的沈豐茂君，聯袂拜訪嘉義師專母校的耿相曾校長，耿校長各發一

張助教聘書給我們，歡迎我們回母校服務，愛護校友之情，深深感動。於是我向民雄高中的李校長報告此情，並表示願意放棄民雄高中的聘書，但李校長不肯答應，致不能應母校的聘，倒是沈君回去了。沈君因有教育行政高考及格的資歷，後來嘉師恩師葉棟樑先生出任苗栗縣政府教育局局長，沈君受邀往任主任督學，而後回嘉義縣政府教育局，先後任主任督學、局長、嘉義市蘭潭國中校長、省立白河商工校長、省立華南商職校長，現已退休。雖然未能回母校省立嘉義師專任教，助教聘書則影印存念。

備位上庠的壯年與老年

　　在省立民雄高中任教一年後，服預備軍官一年，為陸軍政戰少尉，在中壢仁美第一士官學校擔任國文教官。同在一起的有沈謙、徐信義、康世統（三君係大學同班）、王能傑、王常華、謝安通、陳再富、陳誠中諸君，都是台灣師大國文系同屆畢業的。我們平日教授士官生國文，出席各種集會、抬拳道運動等，並忙著製作國文閉路電視教學節目，每天晚上在營區內自由活動，星期六下午及星期日放假。

　　在來士校之前，沈、徐、康三君已考取台灣師大國文研究所碩士班，我則計劃在退伍前報考，所以晚上及假日都留營Ｋ書，挑燈苦讀，有三君指點迷津，倒也得天時地利人和。

　　「皇天不負苦心人」，台灣師大國文研究所及政治大學中文研究所都錄取我。退伍後回台灣師大國文研究所就讀，與沈、徐、康三君再度同班。當時研究所在台北市公館分部，所長是已故的周何教授，另獲多位國學大師林尹、華仲麐、陳新雄諸教授的沾溉。終在先師胡自逢教授的指導下，以「戴東原思想研究」為題，撰寫論文，通過口試，

獲文學碩士學位。論文見錄於《台灣師大國文研究所集刊》第十九期。嗣後台灣商務印書館出版《中國歷代思想家》一書，因得老師的推薦，有幸撰寫其中的「戴震」一章。

碩士班畢業後，忙著找大專院校任教。適有實踐家專（今已改制爲實踐大學）教務主任陳義明先生，到台灣師大教育研究所來物色新科講師而欲任該校的註冊主任者。該所的應屆畢業碩士生都已覓得教職，無人有意願。好友沈六君，當時在該所，聞悉此情，把我推介給陳主任，陳主任先迅速找我面談，並引見謝孟雄校長，於是我進入實踐家專擔任講師，教授國文課程，兼班導師。因註冊主任之職已另有安排，我只在教務處課務組協助組務。

第三年（65學年度）被命兼註冊組主任，而教務主任陳義明教授已辭專任教職，追隨謝創辦人東閔先生（時任台灣省政府主席）到台灣省政府服務。民國六十七年三月，謝主席被提名爲第六任副總統候選人，展開競選活動，忙於拜訪每個國大代表。謝校長的官邸一時之間成爲「競選總部」。謝校長要我每天下班後到「總部」協助文書工作。謝創辦人致國大代表的信是這樣的：

○○代表先生道席：敬啟者：此次

大會宏開，耆賢畢至，廣肆群言，策民主憲政之嘉謀；共商國是，定反共中興之大計。仰企

勳勞，曷勝欽忭。茲者

元首得人，深孚兆民渴盼之殷；下駟陪乘，端賴眾擎關愛之舉。惶恐之餘，感紉莫名。^{東閔}材本輕庸，

學尤疏闊。生平自矢惟尚忠義，既蒙

大會期許之切，當效駑駘葑菲之獻，必以一貫精
誠，無忝所守，益勵忠貞，致基地於安和，更秉丹
忱，佐邦國之永固。耿耿此懷，有如皜日。謹申謝
悃，并希

朗照。專此，敬頌

道綏。

謝東閔　敬啟
民國六十七年三月二十二日

　　投票結果，謝先生終以高票當選，成為中華民國第六
任副總統，而總統則為蔣經國先生。舉國深慶得人，歡欣
鼓舞。實踐專校全體師生、校友，更是歡忭若狂。

　　同年十一月，謝孟雄校長應私立台北醫學院（今已改
制為台北醫學大學）董事會之聘，出任院長。十一月八日，
帶我及實踐專校兼任老師張簡明助、孫伯南、洪多桂等走
馬上任。張簡任會計主任，孫任人事主任（後因故離職，
改聘武梅邨先生接任），洪任課務組主任，而我則任院長
室秘書，另趙銑小姐任英文秘書。嗣後實踐專校食品營養
科謝明哲主任，也前來任教，創辦保健營養學系，自兼主
任。而教務長則為原總務長方錫經教授，他是謝院長台北
建國中學的同窗好友。

　　謝院長係高雄醫學院醫學系畢業，留學美國，獲賓夕
法尼亞大學醫學博士學位，為傑出的婦產科醫師、家政教

育家、醫學教育家。對醫學教育有其願景，曾在 71 年 9月 28 日的《中國時報》，發表〈醫事人才的教育〉專文，略謂：個人的生老病死，都與醫事息息相關，而強身才能強國，故醫事也是無形的國防。唯我國當前醫學教育有若干的缺失，如：側重學識的灌輸，忽略醫學倫理道德的培養；只作支離的觀察與學習，不求整體的貫通與瞭解；偏重自然科學，忽視人文社會科學，醫事人員只求功利，缺乏濟世救人的人生觀與抱負。而提出培育醫事人才之道，有下列諸端：（1）改進學制及入學考試，主張仿美國四年制的醫學教育制度，招收大學畢業生，再接受四年醫學教育，前兩年是基礎醫學，後兩年是臨床醫學；在入學考試方面，廢除聯考制度，改由學生申請，依其大學四年成績、醫學院入學考試成績、二位教授推薦、面試等方式招收學生；（2）培養師資及加強學術研究；（3）修訂課程；（4）改進教學法；（5）充實設備；（6）合理調整學費；（7）加強見習、實習；（8）輔導中醫發展；（9）推行醫生的再教育，（10）加強校際與國際醫學合作。可謂見解深入又獨到。

台北醫學院位於台北市東區的吳興街上，校地不大，有附設醫院，為當時私立醫學院的龍頭，學生素質極高，校友表現優異，校譽極佳，頗有口碑。惟因董事會董事不和，財務也陷入危機。第五屆董事會屆滿後，未能如期推選第六屆董事長，完成第六屆董事會改選程序。教育部 69年 11 月 17 日，以台（69）高 37046 號函該校：「文到 20

日依法召開董事會，推選第 6 屆董事長，完成第 6 屆董事會改選程序，逾期依法處理。」又稱：「董事會糾紛，第五屆董事任滿，未改選，經兩次集會，俱未能完成董事長選舉。財務結構惡劣，董事會負債甚多，將該項債務移列附屬醫院，加重學校負擔，而無具體籌款負責償還之方法，嚴重影響學校體制與前途發展，應請亦於上述限期內改正。……董事會改組未完成，應暫停執行董事會職務，校務由院長全權處理，學校收支應與董事會嚴格劃分，統由院長督同會計與出納人員依規章辦理。」惟因董事之間長期分裂，導致董事長一再難產，教育部乃於民國 70 年元月 5 日，一紙公文下令將董事會解散。被解散後，董事會不服教育部所為處分，向教育部提起訴願。訴願於 70 年 2 月 19 日，教育部以台（70）高字第 4725 號函駁回。私立學校的董事會被解散，這是民國 63 年《私立學校法》公布後之首次。

緣以台北醫學院董事會內部人事與財務糾紛，形成胡、徐兩派對立，新董事之選舉前後六次均告流會，在教育部兩位次長及主管司長監督下，才於 69 年 9 月 20 日選出第六屆董事，上屆十一名董事全部獲得連任。

按照規定，新董事選出報部核備後二十日內必須選出新董事長，但兩派互不相讓，董事長始終難產。

董事會被解散後，學校的行政工作一切保持正常，校務不僅未受絲毫影響，相反的，教學環境改善，師資陣容強化，教職員工待遇調整，財務狀況扭轉，獲校內外好評。

這不能不歸功於謝孟雄院長之領導有方。尤其是財務方面，廢除統籌統支，財務結構走上健全化與制度化，使學校的資產增加，負債減少。原來負債七千四百萬元，附設醫院負債兩千二百萬元。謝孟雄院長接任三年多後，資產增加兩千多萬，減少負債兩千多萬元，共計餘絀四千多萬元。

謝孟雄院長主持院務，一直堅守著「公開、公平、公正」的原則，人事及財務公開，教職員工升等機會均等，考績評定極為公正，延聘教師用人唯才，絕對公正。對教學環境的改進，更不遺餘力，諸如圖書館、教學大樓、教室及實驗室、專用演講室、體育場、研究儀器之充實、整修、興建、關設與改善等。而強化師資陣容則一面調整待遇，提高工作情緒，一面延聘一流人才，鼓勵及協助教師在國外進修；在教務及學生事務方面，大力改革，改進見習實習及考試制度，提高讀書風氣，召開教師座談會，溝通觀念，交換教學心得，主辦或協辦山地公費新生及私立醫學院轉學生聯招；強化導師制度功能，重視並輔導學生社團活動，鼓勵學生從事醫療服務，經常舉行師生座談會，瞭解學生需要，解決學生問題等，這些都是謝孟雄院長為台北醫學院奉獻的卓越表現。

當台北醫學院的董事會被教育部解散後，《中央日報》70 年元月 12 日以「社論」呼籲：「惟事已至此，我人一方面祈望學校行政當局及師生，能共體時艱，和衷合作，安定學府，進行正常教學研究工作，渡過這一困難的階段。

另方面更切盼原有創辦人及各董事，應痛定思痛，以教育為重，以各位長期奮鬥而獲致之社會令譽為重，平心靜氣，協助教育部早日組成新董事會，摒除私人利害及小我之見，俾臺北醫學院以此為新起步，邁向新里程，成為國內甚至國際間第一流的醫學學府，則各位縱不參加新董事會，但仍為臺北醫學院功臣，對國家教育事業亦有其貢獻。」

謝孟雄院長是台北醫學院風雨中的舵手，他帶領台北醫學院渡過黑夜，「邁向新里程」。

當謝院長奉教育部指示，「全權處理」台北醫學院校務之際，向教育部爭取到新台幣二千八百萬元，學校自籌相對的金額，新建多功能的大樓一棟。這是歷年來教育部給私校最高的補助金額。私立學校蓋大樓，業主是董事會，因董事會已被解散，只好由學院向教育部提切結書，保證大樓落成使用之前，新董事會已成立，可出具蓋大樓的同意書。教育部首肯後，台北市政府方面才發下建照。幸好大樓蓋成後，新董事會已成立。謝院長問我大樓取何名，我建議命名為「杏光樓」。謝院長以建造經費一半得自教育部的鉅額補助，宜請示部長。朱匯森部長命以「杏春樓」。其意乃謂北醫的冬天已過，春天即將來臨，故其名具有深遠的意涵。

在這裏我要記述一位準醫師之死，這是一則悲戚的故事，謝孟雄院長、多位師長和我，都參加 6 月 27 日在萬華貴陽街艋舺基督教長老教會舉行的追思禮拜，記憶極為深刻。

　　彭福旋是台北醫學院醫學系 71 年的應屆畢業生。他在長庚醫院實習的最後第二個月，在為一名「上消化道出血」的病人抽血後，針頭刺了自己的手指。這名病人，不久之後，便證實是一位「肝硬化」的患者。兩個月後，他爆發 B 型猛爆性肝炎，在榮民總醫院接受活性碳洗肝治療，仍不幸於兩週後的六月二十二日，因併發中樞衰竭和肝衰竭而逝世。

　　他是台北醫學院足球校隊的隊長，身體十分硬朗，經常捐血五百西西。在他被針扎到前又捐過一次血，捐血中心對他的血液紀錄是「無 B 型肝炎表面抗原」。在被針扎到後，他很擔心，一個「無 B 型肝炎表面抗原」的人，假如被肝炎病毒侵犯，後果可能相當嚴重，會是猛爆性肝炎，只不過病例並不多見，只有百分之一不到的機會。

　　他安慰自己，想大概運氣不致那麼壞，竟忽略了應該採取的積極步驟－打一針「B 型肝炎免疫球蛋白」。六月初，他結束實習，順利拿到成績，等著六月二十一日參加畢業典禮。他不只一次告訴同學：「我父母親要從日本回來參加畢業典禮」。他是么兒，父親彭明仁先生是一位老醫師，對么兒當醫生，期待已多年。

　　實習結束後，他並不輕鬆，因為還要準備考七月上旬的醫師檢覈考試，以便拿到醫師執照。

　　他熱愛足球運動，這時世界杯足球賽正在西班牙如火如荼展開，他告訴同學說：「我得趕快把該唸的書唸完，才能在六月底看世界足球決賽的轉播」。

六月初，他除讀書之外，便是看華視的世界杯足球賽的轉播，還曾應朋友力邀，出賽一場足球友誼賽，也開懷暢飲過一回酒席，誰也想不到，竟成了他人生最後的一場球、一席酒。

六月九日他病了，他以為是上呼吸道感染，是感冒症狀，不以為意。此後，自覺頭痛、疲倦感、沒有胃口、發燒、嘔吐、思睡。他高熱持久不退，呼吸急促，脈博加速，B 型肝炎病毒侵犯他的肝臟，來勢凶凶，終成「猛爆性肝炎」。六月十七日夜，在榮總出現腸胃大出血，意識陷入深度昏迷。榮總為他輸血、換血漿、活性碳洗肝，都無法起色，於六月二十一日凌晨逝世。他總算撐到畢業典禮的那一天，但是無法參加典禮。學校同意家屬的要求，讓他帶著一套畢業典禮的禮服，回歸主懷。

醫護人員從事濟世救人的神聖工作，其實也是一項危險的工作。醫護人員自應戰戰兢兢，小心謹慎，否則便會害己害人，造成千古憾事。

謝孟雄院長主持台北醫學院院務後，實踐專校由其夫人林澄枝教授接掌。民國 69 年 11 月，謝院長的母親（即謝副總統夫人）潘影清女士，因心肌梗塞，猝逝於台北榮民總醫院。謝副總統以「萬紙寫賢聲，我有所成，君助最大；千行揮痛淚，卿真遽去，我老何堪！」輓聯輓之。謝院長更是哀痛逾恆，自責侍奉無狀，遂萌請辭台北醫學院院長之意。因獲董事會慰留，於是續任到民國 72 年 8 月 9 日，而返實踐專校任校長。而其夫人林澄枝校長則出任國

民黨中央婦工會副主任，再升主任，復膺任行政院文化建設委員會主任委員，政績卓越。

於是我隨謝校長回實踐專校，仍兼主任祕書職。謝校長以其豐富的辦學經驗，又是二度出掌校務，駕輕就熟。校務蒸蒸日上，穩健發展，努力的目標是升格為學院。

民國 79 年 7 月 7 日，我與實踐專校語言中心楊曉萃主任，帶著 40 位學生，到姊妹校美國西奧瑞岡學院訪問研修。回程順遊日本東京，8 月 4 日返國。曾寫〈飛越太平洋〉一文，記述此行與感想，發表於《今日生活》第 289 期（79 年 10 月 1 日出版），文錄於下：

今年的暑假，筆者和本校語言中心楊曉萃主任，帶著本校四十位學生，飛越太平洋，目的地是美國西奧瑞岡州立學院。該學院是本校在美國的姊妹校之一，本校每年暑假，都組團到該學院研修訪問，一則增進姊妹校的情誼，一則促進學術文化交流與國民外交，因此，此行真是任重而道遠。

我們是七月七日下午起程的，經漢城金浦國際機場轉機赴夏威夷，抵達檀香山機場，仍是七月七日的早晨，隨即遊夏威夷太平洋國家公墓、恐龍灣、夏威夷州立大學、玻里尼西亞文化中心。翌日遊珍珠港，巧遇來美國出席會議的前行政院長李煥先生，拍照留念。隨後登上亞利桑納號殘骸上的紀念堂憑弔，想像當年日本偷襲珍珠港的慘烈戰況。下午遊夏威夷州政府、卡美哈美哈國王雕像、依奧拉尼王宮、中國城。

　　七月九日夜搭機飛波特蘭市，翌日下午抵達西奧瑞岡州立學院，所有團員被安排住進接待家庭。該學院爲我們舉行歡迎餐會，接待家庭一同參加，氣氛溫馨。

　　七月十一日起至七月二十七日止，是在西奧瑞岡州立學院研習的時段，研修課程以美語教學爲主，依學生的程度分成四組，與日本學生合組上課一週，日本學生先行返國，而合併成三組，由三位老師輪流教學。除上課外，每天分別安排各種活動，諸如保齡球、遊西奧瑞岡州海濱、參觀西奧瑞岡州政府、遊泳、球類運動、遊雪山、觀賞電影、參觀農場、泛舟等，最後一天全力準備結業餐會及晚會，由同學分工合作，採購、佈置會場、製備餐點、演練節目，會場設在該學院附近的一座教堂裏，屆時接待家庭攜家帶眷前來參加，好不熱鬧，會中該校語言中心頒發結業證書給每位學生，隨後學生表演精彩的節目，以娛嘉賓。

　　翌日凌晨整裝離開西奧瑞岡州立學院，接待家庭及任教老師們都來相送，依依不捨，更有泣不成聲者，場面十分感人。我們逕赴波特蘭機場，搭機赴舊金山，抵達後乘遊艇觀賞金門大橋、海灣大橋，下午遊金山公園、金門公園、雙子峰、市政府、中國城。翌日乘車經海灣大橋，抵奧克蘭搭機往拉斯維加斯，下午往大峽谷國家公園，夜宿大峽谷，翌日觀賞世界七大奇景之一的大峽谷，該谷係科羅拉多河冰河衝擊成的自然景觀，鬼斧神工，氣勢宏偉壯麗，令人嘆爲觀止，下午返拉斯維加斯，晚上觀賞此一睹城夜景。

　　七月三十一日底南加州的洛杉磯，參觀舉世聞名的好萊塢環球製片廠。本校前教務主任陳振貴先生及前總務主任張簡明助先生聯袂前來相晤，他鄉遇故知，樂不可支。翌日遊狄斯耐樂園，園中有美國大街、探險園地、西部樂園、夢幻樂園、未來世界、三百六十度電影、驚心動魄的鬼屋、加勒比亞海盜屋、驚險刺激的太空山、空中纜車等遊樂設施，令人流連忘返，畢生難忘。

　　八月二日遊聖地雅哥海洋世界，觀賞驚險刺激的人騎殺人鯨魚、海豚戲水等表演。翌日離洛杉磯，直飛日本東京，行程十一小時餘，再度發越太平洋。抵達東京是八月四日的傍晚，翌日遊覽上野動物園、登東京鐵塔，鳥瞰全東京風光，下午參觀皇居、二重橋、遊新宿，翌日整裝，下午七時搭機返台，結束了為期一個月的研修訪問旅遊的行程。

　　現在讓我發抒此行的幾點見聞及感想：

（一）環境生態保護

　　美國人的環境生態護做得相當好，在風景區有許多種類的飛鳥，人來不去，已成為人類的好朋友，增添風景的秀美與生趣。譬如在夏威夷的恐龍灣，有一種鳥，他們稱之為夏威夷州的州鳥，和鴿子、小麻雀等到處可見，在遊客的身旁悠哉遊哉，毫不畏人。有一個來自東方的小男孩，想去捉小麻雀，我心想那個小孩，必是來自台灣吧！果然不錯，正是操中國話，真是令人汗顏。每年來台灣南部過

境的伯勞鳥，都難免受到傷害，真發人省思。又在恐龍灣海中，有魚群與人共遊同戲，也毫不怕人，據導遊說，在此地如擅自捕魚，會受到極重的科罰。

美國人的居住環境，都顯得清幽舒適，在西奧瑞岡的住屋，絕大多數是木造的，因為該州以盛產木材聞名。住屋都重視形式、顏色的設計，屋前屋後或左右，多有如茵的草坪，種花植果，社區的公園綠地，也都定時噴水、修剪草木，十分雅緻美觀。西奧瑞岡州立學院的校園也是如此，綠草如茵，樹木蒼翠，古木參天，宛如公園，學校四周沒有圍牆，學校是屬於社區的，這種沒有圍牆的學府，讓我印象特別深刻。

因為氣候相當乾燥，美國人飲料消費量很大，但在家庭裡或市區或學校裡，絕沒有看到隨便扔棄的易開罐空罐子、寶特瓶、塑膠袋之類的東西，這與我們台灣，簡直不可同日而語，究其原因，他們的易開罐空罐子要回收，每個是美金五分，他們極少使用塑膠袋而改用紙袋，垃圾定點定時放置清理，因此減少許多的污染源，確實值得我們借鏡。

（二）守法精神

美國人多有高度的民主素養，民主的真諦在守法，保護自己的權益，同時也要尊重別人的權益，不可侵犯到別人的權益。守法已是美國人的生活方式與習性，就以開車來說，駕駛員只要上駕駛座，一定先繫好安全帶，不論在

市區或郊外，並且遵照路旁的速率限制標示，在十字路口的四個方位上，均立有「停」的標幟，只要開到十字路口，不管來方有沒有車或行人，必定停車再開車，遇到鐵路平交道，司機不但停車，還要打開車門觀看，確定無人無車才再開行，絕無交通警察站在路口的情形，這與台灣車輛橫衝直撞，險象環生的情景，又是天壤之別。

（三）勤儉務實

　　我們自稱是最勤儉的民族，這在以前是可以自豪的，但是，從社會轉型，由農業社會邁入工商業社會之後，因為生活逐漸富裕，經濟繁榮，然而人心也跟著腐化，產生好逸惡勞的心態，多投機取巧之徒，想不勞而獲，一夕獲暴利頓成巨富，勤儉禮貌的美德，已經輸給外國人了，能不令人汗顏。

　　美國人是勤儉務實的，能夠自己動手做的事，如整理庭院，修繕房舍家具，種花植草等等，絕不假手他人。我和兩個學生，被分配住在該學院美術系主任 DR. CANNON 的家裡，他曾經來本校訪問過，所以對我們格外親切，他曾經擔任過那個小市鎮的議員及市長，孩子們已長大獨立，不住在家中。他家的生活十分儉樸，他每天早上七時半一定出門上班上課，休閒生活是看電視、攝影、畫畫、遛狗，有好幾個黃昏，我陪著他遛狗。他夫人的勤儉，比他有過之而無不及，自己在園裡種菜，有一次要西雅圖看望她的母親，所攜帶的禮物，竟是她自己種出來的馬鈴薯、

蕃茄、蠶豆、甘藍荣（雖然僅大如一隻小碗）等，但已可十足看出她的孝心了。

　　該學院安排我每天到不同的接待家庭訪問，去瞭解同學們的生活情形，我發現每個家庭幾乎具有同樣的習性，那就是勤儉、樸實、熱誠、禮貌、親切和仁慈（每家養貓、養狗，且視如小孩），雖然只以家常便飯相接待，我卻已享受無盡的心靈之饗宴了。

　　在此期間，我們度過了兩次週末和週日，接待家庭分別安排各種休閒活動，或去旅遊，或去購物。我的接待家庭 DR. CANNON，有一次開了三、四小時的車，帶我們遊海濱，有一次逛波特蘭市，一次遊西奧瑞岡州政府的所在地 SALEM 市，他完全忘掉了他的身分、地位和年齡，熱誠地為我們安排這些活動，且招待我們，我能不由衷地感動與感激嗎？

　　美國人的權利義務是分得很清楚的，要享受權利，必須同時盡相當的義務，從小就養成了務實的精神，做事絕對腳踏實地、一絲不苟的，也就是凡事追求盡善盡美，絕少敷衍塞責、得過且過的，這可從他們的公共設施看出來，我發現他們的公共工程，如馬路、橋樑、陸橋、建築物等，都有極高的品質，這是務實的結果。眼看國內的建築物或設施，尤其是公共建築工程，品質不夠好，其因素固然很多，如管理不善、設計不佳、施工不良等等，但追根究底，在國人極缺少務實的精神所致，你能說不是嗎？

　　古人說：「讀萬卷書，行萬里路。」很慚愧我還沒有

讀過萬卷書，但是今年暑假的美國之行（來回），可說已行萬里路了。以上是我走馬看花，極膚淺的觀感，拉拉雜雜地寫出來，如果能喚起國人的一些省思，是我最大的心意，那我才可以說不虛此行和撰寫本文了。

實踐專校自民國 54 年起，既定升格學院的目標，積極準備，但礙於主客觀的因素，數度提出申請，都功敗垂成。但是全體師生鍥而不捨，努力不懈，直到民國 80 年 8 月，水到渠成，實現升格爲「實踐設計管理學院」的目標，校務的發展邁入新的里程。

民國 82 年 2 月，謝孟雄校長膺任第二屆監察委員，辭卸校長。董事會乃聘請台北醫學院的訓導長方錫經教授接任。我因在台北醫學院服務之時，就與方校長共事，深受他的關照與指導，所以乃受命續兼主任祕書，協助推展校務。

方錫經校長，籍隸台灣苗栗。國立台灣師大理化系畢業，日本長崎大學醫學部醫學博士，專長於放射線物理學、輻射安全、放射線劑量學。在台北醫學院服務三十多年，講授放射線醫學，並歷兼總務長、教務長、訓導長及代理院長等職務。於 82 年 3 月 16 日正式接任實踐學院校長。

方校長爲人和藹可親，具有平易近人的樸實風範，處事圓融，全力以赴。但是，個性守正不阿，凡是應該堅持的絕不妥協。他心思縝密，記憶力超人。治校精敏勤奮，一絲不苟。他以校爲家，每日中午在辦公室享用其夫人爲他製備的「愛心便當」，這樣的「便當校長」，在過去或

現在的大學裏，該是絕無僅有的。

　　方校長治校的理念，特別強調溝通與共識。溝通管道的要訣在「誠」，彼此坦誠才能取得共識，包容尊重，異中求同，化主觀爲客觀，化戾氣爲祥和，化阻力爲助力，校園一切問題，都可迎刃而解。

　　方校長致力興利除弊，「依法行政」是他的口頭禪。他廢除窒礙難行、不合時宜的法規，訂定新的規章；建立採購制度，開源節流；充實教學設備，改善學習環境，強化師資陣容，以增進教學績效；調整教職員工待遇，提高士氣；倡導學術研究，提升學術研究水準；加強學生社團輔導，關愛學生。在民國 84 年，完成高雄校區的興建與招生；86 年使學校改名「實踐大學」，學校有了嶄新的圖像。

　　民國八十八年八月，謝監委任期屆滿，回實踐大學第三度任校長，方校長則留校任講座教授，以迄於今。而我則仍兼主任祕書，直到八十九年七月，才請辭兼職奉准，成專任教授，專心教學與學術研究。九十三學年度奉准教授休假研究一年，一年中撰寫《海東文獻初祖沈光文》及《台灣仁醫的身影》二書。本應於 97 年 1 月屆齡退休，惟奉准延長服務，至 99 年元月 31 日。2 月 1 日起，改聘爲客座教授。

　　因一直兼任行政工作，致學術研究難以兼顧。自卸去行政工作後，在授課之餘，即致力於學術研究。茲記述自就讀國立台灣師大國文研究所後，學術研究的大略如下：

1.　《戴東原思想研究》，係碩士論文，載《台灣師大國

文研究所集刊》第十九期，民國 64 年 6 月。

2. 《中國歷代思想家》〈戴震〉章，台灣商務印書館，民國 67 年 5 月。

3. 《陸宣公學記》，台北市學海出版社，民國 68 年 11 月。

4. 《呂東萊之文學與史學》，文史哲出版社，民國 75 年 1 月。

5. 《應用家庭倫理學》，文史哲出版社，民國 82 年 9 月。

6. 《細說國文論文與閱讀測驗》，建安出版社，民國 88 年 11 月。

7. 《細說大學國文選》，建安出版社，89 年 10 月再版。

8. 《細說歷年二技聯招國文科試題與解答》，建宏出版社，89 年 10 月再版。

9. 《細說插大歷年國文科試題與解答》，建宏出版社，90 年 3 月再版。

10. 《細說最新公文應試必讀》，建宏出版社，90 年 3 月再版（88 年 1 月初版）。

11. 《細說研究所國文試題集解》，建宏出版社，90 年 3 月初版，90 年 11 月再版。

12. 《賴和的文學世界》，《修辭論叢》第三輯，民國 90 年 6 月。

13. 《張純甫詩的引用修辭》，《修辭論叢》第四輯，民國 91 年 5 月。

14. 《妓女與小說》，民國 92 年撰，未發表。

15. 《中國先哲的人性論概述》，民國 93 年撰，未發表。

16. 《朱熹與呂祖謙的交誼》，《黃山學院學報》第 6 卷第 4 期，程朱思想與徽州文化研究專輯，2004 年 4 月。

17. 《台灣仁醫的身影》，秀威資訊科技公司，2006 年 1 月。

18. 《海東文獻初祖沈光文》，秀威資訊科技公司，2006 年 5 月。

19. 《智慧語錄》，秀威資訊科技公司，2007 年 3 月。

20. 《海峽兩岸公文制作與處理的比較》，實踐大學《博雅學報》第八期，民國 96 年 7 月。

21. 《戴學小記－戴震的生平與學術思想》，秀威資訊科技公司，2009 年 7 月。

22. 《求職文書－履歷表、自傳、應徵信的寫作》，實踐大學《博雅學報》第十三期，2010 年 1 月。

憶恩師

　　唐代韓愈說：「古之學者必有師。師者，所以傳道、授業、解惑也。」每個人在求學的歷程中，必受師恩的沾溉。春雨染綠了大地，而卻無聲地消失在泥土中。老師就是滋潤我們心田的春雨。海洋給了貝殼斑斕的色彩，老師是海洋，學生是貝殼，老師是人類靈魂的工程師，打開我們思想的門窗，融化我們心底的冰霜，使我們看到遠闊的世界，領略到一派春光。是以師恩如山，崇高巍峨；師恩似海，浩瀚無涯。

　　「飲其流者懷其源，學其成時念吾師。」螢雪齋主人庸庸碌碌，年近古稀，而學無所成。惟昔日師長的鴻恩，無時或忘；師長的音容笑貌，時時閃現在眼前，學品人格，永遠珍藏在記憶深處。小學及初中時代，因心靈稚幼，少不更事，對師長無多了解與認識；及自就讀嘉義師範以後，心智逐漸成長，對師長所見所感也較深刻。

一、劉師光道

　　劉師光道，是我小學四、五年級的級任老師，他的先

祖玉岡公，與我先祖玉欽公同輩兄弟，所以他與父親同輩，算是族叔，世居義橋。自台南師範學校畢業，即來興中國小教我們。二年後我們換了級任老師輔導升學，一年後我考上省立嘉義中學初中部，而他也考上成功大學土木工程學系。此後一直未曾聯繫。據聞他成大學畢業後，曾參與當年的石門水庫建設。

二、鄭師東壁

鄭師東壁，民雄鄉山中村人，其父鄭如長先生，與家父同窗。鄭師是我小學六年級的級任老師，他與蕭海南校長共同輔導我們升學，校長教算術科，他則教國語科與常識科。在他們的指導下，我考上省立嘉義中學初中部。當時他要我代表學校參加鄉內國小的演講比賽，寫了一篇講稿要我背誦，並加指導抑揚頓挫。而比賽那天，我赤腳上台（因我小學六年，每天赤腳上學），當時習以為常，而今回憶此事，真是對不起老師。

我就讀初中後，鄭師仍在興中國小任教，據稱後來曾在山中國小當校長多年，嗣後又回興中國小任教至退休。

三、熊校長茂生

熊師茂生，是我就讀嘉義師範時的校長。字笑岡，湖南省長沙縣東鄉人。民國 5 年 4 月 4 日生。省立一中師範

科及國立師範學院畢業，即任職湖南省政府教育廳股長，轉職廣西省義寧縣政府主任祕書。民國 36 年辭職攜眷來台，37 年秋辭卸軍職，接長嘉義市立初中，38 年奉調嘉義市政府教育科長，翌年改任嘉義縣政府教育科長。46 年省立嘉義師範創立，榮膺首任校長，55 年改調省立新營中學校長，58 年改調省立中壢高中校長，以迄 70 年 8 月退休。

熊校長思維開朗，興趣廣闊，於絲竹管絃、詞章文藝，無不博涉。省立嘉義師範的校歌歌詞是他所填的，以「雲蒸霞蔚兮玉山之巔，民康物阜兮嘉雲平原」起首，頗似楚調。時省立嘉師始創，篳路藍褸，非常艱辛，而他治校，井井有條，學校不斷茁長。他推行智德體群美五育均衡發展的師資培育，照顧學生無微不至。畢業的學生到國小任教，都是敬業樂群的良師，戮力奉獻教育。

當熊校長在中壢高中之際，我嘉師同窗黃滿足君，甫自國立台灣師大數學系畢業，熊校長即延聘任教，後又有嘉師後屆校友姚金章君，也受延聘任國文教師。當時我就讀師大國文研究所，曾趨前拜謁，垂詢甚詳，當面承賜大著《中國作家小傳》一冊。

熊校長退休後仍兼課南亞工專及中國海專，講授國文課程。民國 74 年秋，雖罹肺癌重症，猶處之泰然，似無其事，依舊到校授課。民國 75 年 5 月 4 日，與世長辭。

四、魯師實先

　　魯師實先先生，本名佑昌，字實先，以字行，晚號瀞廬，湖南省寧鄉縣人，民國 2 年 3 月 12 日生。秉質殊異，讀書過目成誦，幼能文章。15 歲入長沙明德、大麓兩中學，不樂學校課程淺雜，退學自修。不久到杭州讀文瀾閣藏書，三年後去北平，早晚在圖書館恣覽，並到大學聽碩儒講論。以著《史記會注考證駁議》一書，對日本學者瀧川龜太郎的《史記會注考證》，諟正其訓解踳駁，尤於史事時差舛，指論特詳。於是見賞於楊樹達先生，薦入四川就聘國立復旦大學教授，時年才 28 歲，成為教育部的部聘教授，不僅是民國以來最年輕的中文系的部聘教授，也是唯一沒有一張學校文憑而一步被聘為教授的人。

　　日本敗降後任江西中正大學文史講席。民國 37 年，任湖南省靳江中學校長。來台後任教於我的母校省立嘉義中學，後就聘台中農學院（今中興大學前身）及東海大學教授。民國 50 年，受聘為國立台灣師大教授。民國 66 年 12 月 19 日，以腦溢血逝世於台大醫院，享壽 65 歲，卜葬於台北南港墓園。

　　魯師專擅史學、文字學，而曆法是他的絕學，著作等身，據其門生高足賴明德學長所編《寧鄉魯實先先生著述年表》，計有《史記會注考證駁議》等 48 種。其治學肇自太史公書，也成名於太史公書，對《史記》內容之閎深，

與龍門義法的幽邃,都能撢精抉微,究其源委。終生崇敬孔子與司馬遷,凡司馬遷必稱「太史公」。

　　魯師永懷一顆赤子之心,嫉惡如仇,但也從善如流。不講廢話,不打哈哈,不交無益之友,不作無謂的應酬。除了事親與教書外,就是讀書和著述。不識權術,不擅機心,不求聞達,不善逢迎。屢告誡時下的青年,不要投機取巧,要用功讀書。

　　魯師事父至孝,其父渭平將軍,早歲參與武昌首義,積資榮升旅長,128 上海抗日有功,因病退伍。從前當他父親神智還清醒時,一切行止和家中諸事,都必先向老太爺請示,遵照父旨行事。老太爺如果有不悅的神情,必長跪不起,一定等到老太爺容色稍悅時,才敢起立。後來老太爺年近九十,體弱多病,神智不清,飲食諸事,都在床上。魯師不分日夜,親侍湯藥飲食,一日不下八、九次,每日必定為老太爺沐浴淨身。以逾花甲的高齡,除了伺候老太爺外,還得從事繁重課務和艱苦的著述,每日睡眠不足四小時,可是他卻從無絲毫的倦色和怨言。

　　我就讀台灣師大國文系二年級時,魯師為我們開授文字學課程。他上課常穿粗布對襟白褂,身材削瘦,可是精神奕奕,神彩飛揚,聲如洪鐘,從不遲到早退。滿口濃濁的湖南鄉音,起先月餘,真如鴨子聽雷,不知所云,以後才逐漸聽明白他講授的內容。他上課時菸不離手,一支接著一支,直到下課。講課時旁徵博引,左右逢源,而陶然自得。講到得意處,長聲大笑,旁若無人。偶而會破口罵

人。常戲稱自己是「倉頡之弟，許慎之兄」，不知者以爲他狂妄，知之者對他的學問道德文章，必定佩服得五體投地。難怪屈萬里先生會說他「學富五車，目空一切」。緣以他待人至誠懇，性情純真，因此，視善如寶，嫉惡如仇，非公義不發憤，私人恩怨，則閉口不提，就事論事，絕無造謠傷人。

魯師爲我們講授文字學，我對文字學產生濃厚的興趣。不知何故，中途改由他的高足李國英老師代授。李老師的言行神態，頗似魯師。大三下學期，魯師利用周末義務開授金文特別班，校內校外的學生把教室擠得水洩不通。我豈能錯失良機，也前往報名聽課，再沐春風。課中凝神諦聽，課後勤於整理筆記，極有心得。

五、程師發軔

程師發軔，字旨雲，湖北省大冶縣東鄉申明堡人，生於民國前 18 年（清光緒 20 年甲午）4 月 4 日。生後七月，母親逝世，父兼母職，撫養長大。民國 6 年，畢業於國立武昌高等師範學校國文部，任教江浙地區，嗣後供職湖北，從事教育，曾任湖北省立武昌女師校長、湖北省立建始師範學校校長，後調任漢口市政府秘書長。

程師於民國 38 年 6 月抵台北，受師範學院劉真院長聘爲國文系教授，其間曾兼任總務長、夜間部主任。民國 45 年秋起，任國文系主任至 57 年 1 月。我 55 年就讀台灣師

大國文系時，他主持系務。他擅長左傳學與曆法，國學造詣極高，方面極廣，曾有《春秋左傳地名圖考》、《國學概論》等鉅著。對於曆法輿地，尤所精通。在曆法方面的最大成就，莫過於民國 38 年，他用古六曆、「授時曆」、「時憲曆」等各種曆法，換算孔子誕辰的日期是國曆 9 月 28 日，更正了民國 23 年根據夏曆所逕自換算的國曆 8 月 27 日。這一件事，經由教育、內政二部，邀請有關機關及專家學者多人，前後兩次熱烈討論，大多數贊同而告確定，於是呈請　總統，在民國 41 年 8 月 18 日明令公布，定國曆 9 月 28 日為孔子誕辰及教師節。

至於輿地方面，旨師所著《春秋左氏傳地名圖考》，所附的地名表，便於檢查；所繪的地圖，尤稱明確，曾經獲得五十八年教育部頒發的文學類著作獎。又鑑於中俄兩國國界最長，糾紛最多，自尼布楚條約起，近三百年，蘇俄侵越界線，移動界碑，層出不窮，為加深國人對中俄國界的了解，厚植國家民族的觀念，於是搜輯史料，著成《中俄國界圖考》一書，凡中俄二十一次締結界約的經過，二百七十一座界碑的所在地，以及一萬一千餘公里兩國交界的地圖，考訂極為翔實，因而獲得六十年中山文化學術基金會頒發的中山著作獎。此外還編有《六十年來之國學》、《國學概論》等。我大一時的「國學概論」課程，由林明波教授講授，即以旨師的《國學概論》為教科書。

系中的前輩師長，受旨師的沾溉尤深。旨師逝世後，李師爽秋先生曾為〈程旨雲師二三事〉一文見諸報端。據

李師爽公稱：「旨師一生清廉自守，一塵不染，在他擔任師範學院總務主任時，爲學校爭取到一大片土地，即今圖書館、工教館、僑教館、教育學院的所在地，卻沒有爲自己安排一幢較寬敞的宿舍。夜間部創辦伊始，苦於沒有適當的辦公處所，於是力求撙節，不到三年，爲夜間部節省下四十萬新台幣，全數移交給章銳初師，作爲建築夜間部辦公室之用，才奠定了今日師大夜間部的規模，而他卻也因此煩勞過度而罹上了心臟病。」

爽公師又說：「旨師的生活極爲簡樸，律己極嚴，每日除讀書、著述、上課外，別無其他嗜好，烟酒不沾，電影不看，電視僅看新聞報導。晚飯後必散步半小時，風雨無阻，十餘年如一日，這便是他老人家自命爲健康長壽之道。他自奉極儉，三餐簡便，出門公共汽車，居處但求整潔，衣著更是樸實，那一襲黑色中山裝，春夏秋多四時不易，早已成了他的『註冊商標』。師母也曾替他置些新裝，但他總是捨不得穿。」

「旨師的治學極勤，而且老而不倦，無論到那兒，總是手不釋卷。在他做系主任兼夜間部主任時，工作的煩忙，非所想像，然而他仍能利用課後休息的十分鐘來讀書寫作，這種分秒必爭的精神，真令人欽佩，旨師的許多著述，都是在這樣情形下完成的。」

「旨師爲人，樂善好施，敏古好求，而且謙恭爲懷，在我追隨他十多年中，似乎沒有見過他臉有慍色。他對系中年老教授，特別尊敬關顧。在退休法未施行之前，系中

曾有兩三位年邁體弱的教授，如龔慕蘭、王偉俠、王壽康諸先生，前後因中風經年臥病在床，不利於行，生活頓成問題，而旨師當時是系主任，他為使這些畢生盡瘁於春風化雨的老教授能安心養病，其課程悉由旨師安排，請系中其他年輕教授們，分別義務代授，直至諸先生棄世，或退休為止，充分發揮了同仁的愛，所以系中氣氛非常融洽。至於學生，更是愛護備至，學生但有困難，無不竭力濟助，因此深獲全系師生的愛戴。」

李師爽公所描述的旨雲師，極為細膩深入。當時，台灣師大的國文系辦公室，高處於一進大樓的三樓，而程主任以七十多歲高齡，每天上下樓不知有幾趟（一進樓係三層樓建築，未設電梯）。我們時常在樓梯處或走廊，或當面相見，或見到他龍鍾的背影，不覺之中肅然起敬。

六、林師尹

林師尹，字景伊，浙江省瑞安縣人，民國前 2 年 11 月 5 日，出生於瑞安學術世家，祖父養頤公，為瑞安大儒陳介石的高足，父辛，字次公，仲父損，字公鐸，弱冠即聯肩執教於國立北京大學。林師幼承名父之教，國學早紮根基，加以天資聰穎，故 16 歲即負笈於北京中國大學，從名儒黃侃季剛先生受業。受黃先生特別器重，授以文字聲韻以及經史之學。不久考取國立北京大學研究所國學門研究。19 歲畢業，受聘河北大學中文系教授，乃當時各大學

中最年輕的講師。其後更歷任金陵女子大學、東北大學、國立北京師範大學教授。

民國 26 年，抗戰軍興，受派赴華北負責民訓工作，卓著成效，27 年奉國民黨總裁　蔣公派爲漢口特別市黨部主任委員。迨漢口淪陷，林師密留漢口市，與敵僞相搏鬥，屢建奇勳，凡六蒙總裁　蔣公嘉獎。不幸於民國三十年四月，被敵僞刦持，由漢口送至南京，汪逆精衛威脅利誘，他秉持正氣，終不屈服，在獄中作絕命詩，有云：「此心同日月，此意擬冰雪，日月常光輝，冰雪終皎潔。昔思李郭功，今灑文山血。忠義分所安，慷慨成壯烈。」半載後脫身走香港，奔赴四川，受聘爲國立四川大學教授。

抗戰勝利，奉派督導浙滬黨務，既得勝利勳章，復膺選爲第一屆國民大會代表。民國三十八年，隨政府來台，四十四年秋任國立政治大學政治研究所教授，四十五年任國立台灣師範大學國文研究所教授，四十九年兼所長。五十一年中國文化學院創立，又聘林師兼任中文研究所所長，並先後執教於東吳大學、輔仁大學、淡江大學，遂桃李滿天下，任大學教授的弟子不計其數。

林師著作等身，已刊布的有：《中國聲韻學通論》、《中國學術思想大綱》、《兩漢三國文彙》、《文字學概說》、《訓詁學概要》、《周禮今註今譯》、《中文大辭典》、《大學字典》、《國民字典》、《景伊詩鈔》等。

民國 72 年 5 月疾作，入住台北榮民總醫院，至 6 月 8 日與世長辭，享壽 74 歲。

　　我就讀台灣師大國文系時，林師任國文研究所所長，未在大學部授課。我就讀研究所後，才親炙於林師。他為當代國學大師之一，望之嚴然，即之也溫，受課認真，往往當堂指名起立背誦古文，感覺壓力至大。

七、胡師自逢

　　胡師自逢，原名隆元，自逢為字，後以字行。四川省儀隴縣人，民國元年一月二十四日生。初中剛畢業，共匪殘部流竄川北，儀隴三度淪陷。以天災人禍頻仍，輟學數年。民國 28 年始考入南充師範學校，於 32 年以同等學力考入四川大學中文系，「潛心研求，未嘗稍懈，治學以六經為主，先由《論》《孟》尋其蹊徑，以漢儒之訓詁，未明之義理相參伍而質諸聖人之言。於微言大義，修己治人之方，必反復玩味，默識神會，不解者寧從蓋闕；子部擇老莊韓墨，觀其要略以窺其異同；史部則首閱四史，究其史例書法，褒貶是非之際，而尤喜《漢書》，愛其詳整雅贍也；集部中詩多讀子美。文則愛退之歐陽。每歎今日妄立新文學之名，新舊之爭齗齗莫辨，余則以為文無古今新舊，惟其當而已。」（見胡師《虛室文輯·自傳》）。

　　在四川大學畢業後，受聘任空軍幼年學校國文教席三年，38 年 2 月隨幼校遷台，校更名為預備學校。39 年空軍成立子弟中學，名為至公中學，又改聘為至中教員。40 年參加高等文官考試，錄取，以生性亢直，不宜仕途，仍致

力於學術以自娛。42 年離至中赴台北市中山女中任教，46 年報考台灣師範大學國文研究所碩士班。49 年續修博士，專攻經學、古文字學。54 年獲國家文學博士學位，受聘爲台灣師大副教授。55 年省立高雄師院成立（今高雄師大前身），應聘爲國文系主任。62 年轉國立中央大學中文系主任，69 年任文學院院長。未幾，屆齡退休，改爲兼任教授。

　　曾自謂「平生服膺儒家思想，教學以傳統文化爲宗主，蓋中國學術，不外宇宙、人生二端，即自然法則、倫理法則二大類。常以學術之興替與國家之盛衰存亡直接攸關，若由窮理盡性以參贊化育；立心立命以開創人類億萬年無疆之休祐，本此理想爲可企及而日孜孜，庶有達成一日。」（見 83 年 9 月上旬〈自傳〉稿）。又常言學術固可貴，心術尤爲要。於焉施之於行政，廓然大公，賢與不肖均無間言。

　　自公師先後著有《金文釋例》、《周易鄭氏學》、《先秦諸子易說通考》、《周易爹家傳釋義》及《虛室文輯》等。

　　我於台灣師大國文研究所碩二之時，決定以「戴東原思想研究」爲題，撰寫碩士論文，於是所方敦請胡師指導。時胡師任教中央大學，我立即趨前拜謁，承耳提面命，指點迷津甚詳。論文完稿後進呈胡師斧正，胡師詳細批閱修改潤飾，論文終獲口試通過。民國 68 年撰就《陸宣公學記》稿，準備升等副教授；75 年撰就《呂東萊之文學與史學》，準備升等教授。二稿都先進呈胡師斧正，胡師一如指導碩

士論文時，詳細批改潤飾，二次的升等都順利通過。胡師教澤深恩，山高海深，銘感五中，沒齒難忘。

我平素因教學與學校行政工作煩忙，無暇登師門問安請益，但每年的教師節前夕，必定專程趕至中央大學教授宿舍拜謁胡師，每次都親自親切接待，垂詢學校及家庭狀況綦詳，關懷之情，溢乎言表，真是藹然長者，平易近人。有一次在胡師家聊了很久，不覺已正午時分，承老師留我用午餐後始歸。

有一天和朋友去中壢，順道拜謁胡師，方知胡師住入中央大學附近的壢新醫院，由師妹帶我到醫院去。胡師在病塌上談起他對宋儒修心養性的崇慕。民國 89 年 9 月 17 日，時屆中秋、教師節，我又依例專程拜謁師門，取出他剛出版不久的《虛室文輯》一冊相贈，並在首頁題簽：「昭仁賢台存念，小兄胡自逢，庚辰仲秋月，2000 年九月十七日」，且蓋上印章一方。回台北後，即認真奉讀。該書〈序言〉，開端就說：

> 此集名虛室者？《莊子人間世》，孔子告顏回曰：「唯道集虛，虛者心齋也。」又曰：「瞻彼闋者，虛室生白，吉祥止止」，荀子申之曰：「虛壹而靜，謂之大清明」（解蔽）故曾子以「有若虛，實若虛」，稱美顏子（論語泰伯）。余竊有取焉，故以虛室名集，自知其中一無所有，敬待大雅宏達有以教誨之也。

胡師的虛懷若谷如此。

　　胡師於民國 93 年 9 月 8 日與世長辭，享壽 94 歲。9
月 25 日，我含悲赴中壢參加告別法會。從此，春風座冷，
立雪無門。去年撰寫《戴學小記－戴震的生平與學術思想》
一書，已不得胡師的誨正了。

雜　　記

一、螢雪齋主人屬馬

　　螢雪齋主人生於民國 31 年 11 月 12 日，歲次壬午，馬年。所以很喜歡馬，不論是活生生的馬，或是馬的藝術品。平生沒有什麼嗜好，菸不抽、酒也不沾，如果要說嗜好，喜收集有關馬的藝術品可以算吧。有一段時間，見馬藝品就收購，擺在櫥中，因此，櫥中有「馬」數十匹。就材質而言，有木馬、陶馬、瓷馬、牙馬、銅馬、皮馬、玻璃馬及玉馬，不一而足。

　　實踐大學有個同仁黃秀香老師，曾兼任總務主任（在專校時代），但性喜研究學術，想報考家政研究所，常向我問及如何準備國文一科。好學精神，殊堪佩服。嗣後考上中國文化大學家政研究所，畢業後又續讀東海大學社會工作研究所，終獲博士學位。她曾經送我一匹玉馬，以表謝忱。又有一總務處的同仁羅純先生，時任營繕組組長。有一次我們兩人一同參加教育部主辦的大學校院主任祕書與總務長聯席會議。在車上聊及興趣與嗜好，因此知道我喜歡搜集「馬」。過沒多久，他居然送我一個銅質「馬首

是瞻」的藝品，真是愧不敢當，却之不恭。惴其意，也許是在恭維，但是，我把它當作是一種責任或期許，從此更加謹言慎行，戮力從公。

民國 90 年的暑假，與朋友作古絲路之旅，在新疆的牧場，無垠的草原上騎過馬，體悟到在草原上的牧民騎馬馳騁，真是一件不容易的事。遊西安華清池勝景，購得馬形硯台一方，如獲至寶，放置櫥中，未曾使用，看來可以當傳家之寶了。我收集這麼多「馬」，以櫥小無法容納，以後也就很少再買馬了。而且內子的書法老師徐景賢先生，寫了「萬馬奔騰」四個大字相送，內人將此墨寶裱褙掛在客廳，以示尊師，因此我家有「萬馬」了。

在我的家族中，父母兄弟姊妹以及侄輩屬馬的只有我一人，可惜我資質駑鈍，缺乏慧根，不是劉家的千里駒。《荀子・勸學篇》說：「騏驥一躍，不能十步；駑馬十駕，功在不舍」。我是駑馬一匹，只好求「不捨之功」。俗語說：「老驥伏櫪，志在千里」，古稀之年老矣，而本非騏驥，豈有千里之志？民國 91 年，孫仕衡生，正巧也屬馬，和我相距整整一甲子。而後孫女楷臻、孫恩劭、恩圻又相繼生，雖不屬馬，至望諸孫就是劉家的千里駒了。

二、轉捩點

我們往往會談到「人生的轉捩點」。真的每一個人一生當中都有無數個轉捩點。在轉捩點上如果做出不當甚至

是錯誤的抉擇，那麼，整個人生就有毫釐之差、千里之謬了，可不慎哉！

我的一生從小到大，從幼到老，唸國小、考省立嘉中初中部、初二因病休學、考嘉義師範、到梅山國小當老師、考台灣師大國文系、當中學國文教席、結婚生子、考台灣師大國文研究所、備位上庠教席，在今天回顧前塵往事，事事都是我人生的轉振點。當面對轉振點的抉擇，往往只在一念之間。因此，始知人生時時刻刻、月月年年，都有轉振點。

因此，我們不得不相信佛家的因果論。佛說萬法的生起，必仗因托緣，觀現象世界及一切事物的成立，都緣時間所現的異時因果關係，與客觀所現的互存關係而織綜形成。宇宙萬有的生起，既取決於生命體自我的因果律，那麼如《因果經》說：「欲知前世因，今生受者是；欲知未來果，今生作者是。」人生面臨轉振點的抉擇，往往攸關未來的吉凶禍福。

三、耕讀傳家

父親自小學畢業以後，在家務農，有一些田產。三十歲以後在民雄三泰商行、共榮商行、民雄農會合作社等單位任職，並曾離鄉背井，遠至台北縣八里新生療養院任書記，之後返鄉任職於民雄鄉魚市場管理委員會。所以大部分的田地租給佃農耕作而喪失了自耕農的身分。而後政府

實施「三七五減租」、「耕者有其田」等土地政策，出租的田地爲佃農所有，父親只剩下離家附近的幾畝薄田公餘自耕。我小時候喜歡跟著父母到田裏去。

父親希望我們兄弟姊妹八人努力讀書，不要留在家鄉種田，其實也是無田可種了。後來大哥在郵局服務，二哥在民雄開西服店，而我以下兄弟三人以及媳婦共計六人，都在中學或大學校院教書，從事教育工作，一直到退休。族中伯叔常常說，父親因爲沒有田產，寄望孩子讀書成才，我們兄弟才能當老師。說的很有道理。世事本是有得必有失，有失必有得，最後得失是相平衡的，所以不必計算一時的得失。「要看淡世間的利慾，得時不貪著，失時無掛礙」。沒有患得之心，就沒有患失之苦。

四、勤勞樸實

鄉下人的生活一貫勤勞樸實，雙親以勤勞樸實持家，已成家風。台灣經營之神王永慶先生的人生哲學，就是「勤勞樸實」。

我承家風，生活一向簡樸，不知享受，不善理財營生。劉墉說得好：「有人要享受生活，有人要生活享受。聽來似乎一樣，本質卻大有不同。享受生活重視的是精神，生活享受重視的是物質。貧窮的人多半可以愜意地享受生活，富足者卻常不滿於生活的享受，兩者相較，還是前者比較快樂。」（見《螢窗小語續集》）。這些話深得我心。

五、讀書樂與樂讀書

　　書是人類智慧的結晶，經驗的寶藏，老祖宗的知識遺產。朱孟實說：「書籍是過去人類的精神遺產的寶庫，也可以說是人類文化學術前進軌跡上的記程碑。」其實，自然宇宙人生社會更是一本大書。書籍是人類文化的鏡子，必須要從此鏡子中才能了解整個人類文化的大體。我們千萬不要以為不讀書，只憑天賦的聰明智慧或思想能力，可直接去讀自然宇宙人生社會這部大書。

　　宋真宗〈讀書樂〉：「書中自有千鍾粟，書中自有黃金屋，書中自有顏如玉。」（民國 66 年，在實踐專校家政科教授班中有女生名叫顏如玉，於是常對她戲稱讀書時在書中就會看到妳）讀書的目的難道像宋真宗所說，只在追求官職、俸祿、高堂大屋、美女嬌妻等？且看宋代黃庭堅（山谷）說：「三日不讀書，便覺語言無味，面目可憎。」古人也說：「腹有詩書氣自高華」，一語道盡讀書目的與重要性。再看宋代理學大師朱熹〈觀書有感〉：「半畝方塘一鑑開，天光雲影共徘徊。問渠那得清如許，為有源頭活水來。」讀書是在使「源頭活水」不斷地挹注我們的心田，使一顆心永遠靈明清澈，以觀照宇宙人生萬事萬物。

　　讀書的目的既在獲取知識與智慧，天天讀書，就是日日在累積知識與智慧。世界上什麼東西可以累積？一是智慧，二是財富，三是人脈。而三者又以智慧最實在可靠。

智慧可自我充實而得，會跟我們一輩子，取之不盡，用之不竭。有智慧的人必有不同於常人的見解與創意。

　　晉朝皇甫謐耽翫典籍，忘寢與食，時人謂之「書淫」（見《晉書》本傳）。淫與別的字連在一起，總是壞事居多，唯獨和典籍攀上關係，就可以入傳，垂諸永久，吳魯芹先生這樣說。吳氏又說，梁朝劉峻是耽玩典籍的書痴（見《梁書》本傳），不僅沒有紅袖衣香伴讀的福氣，連燭光都沒有，於是「常燎麻炬，從夕達旦」。

　　西班牙諺語：「好書好友，為數不必過多。人生知己，不過三五人而已。」

　　吳魯芹說，若為數三、五百，那一定是有共同信仰的同志或教友了。好書能有上百數十本，已頗不寒傖，至少這數目，我還只有心嚮往之的份。

　　我一生以買書為樂，更以讀書為樂。課餘暇時，最喜歡逛台北市重慶南路一段的書店。古今中外的書汗牛充棟，浩如煙海。「登山始覺天高廣，到海方知浪渺茫」，同樣地，置身書城，始覺知書海之無涯。於是頓生「書有未經被我讀」之大嘆，不喜歡逛書店，又喜歡逛書店，真是矛盾至極。不必說書店裏的書 99.9%不曾讀，就是自家小書齋（螢雪齋）裏的書，一輩子也讀不完呢！我樂於買書，思果說：「書買得多無形中會養成好學的習慣，既可以擴大眼界，也可以提高鑑別力。好學的人對於知識有一種貪婪，愛好文學的人對於佳作尤其特別關心。」聽了思果的話，心中稍得安慰。班乃特（Arnold Benmett）說：「一

本好書之是否為好書，以及你配不配將它做好書，要看你是否已讀完它。」是的，請記住：「要讀完它」。

六、著書難

我一生以讀書為樂，亦知讀書要如春蠶吐絲，蜜蜂釀蜜，加以吸收消化，並產生新東西。因備位上庠教席，須教學與研究兩相並重，所以也寫了一些書文，有：《戴東原思想研究》、《陸宣公學記》、《呂東萊之文學與史學》、《應用家庭倫理學》、《台灣仁醫的身影》、《海東文獻初祖沈光文》、《戴學小記》等，另編有《智慧語錄》。

顧炎武《日知錄》卷三十一「著書之難」：

> 宋人書如司馬溫公《資治通鑑》、馬貴與《文獻通考》，皆以一生精力成之，遂為後世不可無之書。而其中小有牴漏，尚亦不免。若後人之書，愈多而愈牴漏，愈多而愈不傳。所以然者，其視成書太易，而急於求名故也。

看過這一段話，愧赧無已。

七、再談讀書

赫胥黎說：「任何知道讀書方法的人，都會有一種力量充實自己，豐富自己生活方式，使其一生富有意義，美好豐盈而多采多姿。」讀書可以使一個白痴成為有智慧的

人。

　　德國哲學家叔本華（1788-1860，Schopenhauer）說：
「愚昧無知的人，如果他是個富有者，更令人覺得可鄙。」
窮人忙於工作，沒有時間思想，他們的無知未可置評；商
人就不同了，我們常看到那些無知的人，縱慾放蕩，驕狂
奢侈，鮮廉寡恥。他們本可以去多做些有價值的事，可是
他們不能善自利用財富和時間，殊足惋惜。

　　梁實秋〈漫談讀書〉說：「讀書，不知不覺受其薰陶，
終乃收改變氣質之功，境界既高，胸襟既廣，臉上自然透
露出一股清醇爽朗之氣，無以名之，名之曰書卷氣。」

　　唐君毅〈談讀書〉說：「我們千萬不要以為我們不讀
書，只憑我們之天賦的聰明智慧或思想能力，真可直接去
讀自然宇宙人生社會這部大書，而自己讀出其深微廣大的
意識來。……這部大書，早經無數古往今來的有更高聰明
智慧思想能力之人讀過了，經無數更好的心靈之鏡子照過
了，還未照清楚而讀懂哩！」。

　　我的已故同窗好友沈謙教授曾說：「讀書可以接觸各
種知識，懂得做事做人的道理，陶冶性靈，提昇意志，使
我們多領略萬物的美好和可愛，使我們生活得更加充實和
來勁。讀英雄書，感覺一股英雄之氣充沛胸懷；讀聖賢書，
沾染到那種厲冰雪的情操；讀文藝書，情味盎然，充滿美
的氣氛。腹有詩書氣自高華，讀書可以使我們眼睛明亮，
精神振奮，簡直具有美容的功效。」（見《空大學訊》
78.11.1~78.11.15）。說得極為貼切深刻，淋漓盡致。

「茶可醉人何必酒，書能香我不須花」。一杯茶，一冊書在手，是人生的至樂。

八、獎狀、獎牌

我在學生時代以至教書以後，得到的獎狀與獎牌不下十面。獎狀獎牌是榮譽的象徵。羅家倫《新人生觀》中說：「愛榮譽乃是一種意志的傾向，行為的動態，是要以忠誠純潔的行為，去得到依於德性合於美感的承認的。」又說：「榮譽是人格光輝的表現，也是整個人生不可分解的一部分。沒有榮譽心的人，就談不上人格；漆黑黯淡的過一世，這種生存有何意義？」莎士比亞說：「生命，是每一個人所重視的，可是高貴的人重視榮譽遠過於生命。」

我深切地知道，一張獎狀，一塊獎牌，一份褒榮，都是血汗的結晶，是心靈的昇華，代表著對理想追求的一份執著，榮譽是生命的永恆，需要戮力爭取，更需要全力維護。

九、名實俱亡的母校

「省立嘉義師範學校」是我的母校，它孕育我成長，我深愛著它。它後來改制為「嘉義師範專科學校」，再改制為「國立嘉義師範學院」，它還是我的母校。無奈與嘉義農專合併改制為「國立嘉義大學」以後，「母校」就名

實俱亡了。

我是一個嘉義師範學校的校友，從來沒有接過「母校」
－當今國立嘉義大學一次校慶的邀請函，也沒有接過一張
校訊之類的刊物。人家說，校友是母校最大的資產，但是，
我們是一群被「母校」遺棄的孤兒。內子是台南師範學校
特師科畢業的，她的母校今天也同樣地改制升格爲國立台
南教育大學，雖然近五十年來，住址改了若干次，今天還
按期接到母校的校刊。爲什麼有這樣大的差異呢？百思不
得其解，看樣子還是繼續當「孤兒」吧！

十、人生的旅途

我於民國 75 年 7 月，與內子偕友人同遊泰國；79 年
7、8 月，與實踐專校語言中心楊曉萃主任，帶領學生 40
名，赴美國姊妹校西奧瑞岡州立學院近月；90 年 8 月，有
新疆古絲路之旅；91 年 7 月，有張家界、九寨溝之遊；96
年 7 月，有桂林之行。每次都大開眼界，至爲愉快。古人
說：「讀萬卷書，行萬里路」，此言不虛。有道是：人生
就像一段旅程，當你旅行之時，一定會携帶行李；誠如我
們畢生窮極己力所塑造出來的身心，無論如何，都要親自
背負到人生的終點。要知道，在人生的旅途上，是沒有人
能替你分擔的。

十一、大學教育

　　大學是學術的殿堂，清華大學前校長徐遐生認為，大學的基本原則為學術自由和公開質詢，大學的任務在於保存、創造和發現知識，並有效地將最大利益散播給全人類。國立中興大學前校長李崇道認為，大學教育並非祇是傳授技術、指導就業與賺錢的技能而已，大學教育應該是德智體群美均衡發展的教育，大學生應該是身、心、手、腦均衡發展的高級知識分子，對自己、對社會、對國家民族負責的知識分子。（逢甲大學建校 20 周年校慶致辭，見《逢甲校刊》151 期）。前教育部長黃榮村說：「大學教育是培養學生獨立思考能力的教育，只有獨立思考的人格，才能不懈地追求真理，也唯有透過追求真理討論與辨證的過程，大學才能展現它的社會關懷，讓社會更理想更富公平正義。」

　　曾幾何時，市場競爭機制與行銷堂而皇之進入大學學術殿堂，大學的生態已不同以往，企業價值的興起、信仰效率和立即可用的實用性、以收益衡量大學的價值等，在中外各大學校園中成為一股銳不可擋的趨勢。商業化的趨勢、市場機制、講求成本效益，大學是否能維持原來的宗旨與功能，是大有問題的。

　　前元智大學詹世弘校長認為：高等教育產業與市場和一般的商業性產業與市場，仍有諸多本質上的差異，例如：

消費者（學生）同時也是關鍵性原料，有別於自由經濟市場的新興競爭者……。而相對於以每股盈餘（EPS, Earnings per share）衡量企業成敗的單一市場標準，大學除需不時面對社會對大學傳統學術價值的期望與批判外，還需要承受各界對其商品（課程或研究成果）及財務等方面的務實要求。（見《搶救大學》頁25）

詹校長又以為，大學的核心商品是知識，做為知識提供者的教授，便成為攸關大學生存的靈魂人物，於是產生高薪挖角的風潮。而學生本身也是影響學校辦學成敗的關鍵性原料，學校希望招收優秀的學生，入學管道變成多元化，招生產生行銷的花招，如高額獎學金、清寒學生助學金、就學貸款之類的措施，更注意學校良好形象的塑造。

然而，我們更需要知道，學生是「消費者」，更是「受教者」，學校不可一味討好學生、取悅學生、放縱學生，對成績不好的學生，不敢多要求，甚至於放棄了教育的責任，怕影響每年新生的報到率。學校只顧著給學生們想要的，而不是他們應該得的。這樣簡直是本末倒置，學生的素質無法提高，氣質不會變化，產生惡性循環，結果是「研究所大學化、大學高中化、高中國中化」，大學教育只有「量」的擴充，談不上「質」的提升。

台大數學系退休教授黃武雄先生憂心地說：「市場力量的衝擊，不會使大學消失，但大學經市場機能一波波的篩選，會改頭換面，換成另外一副庸俗的面目，出現在二十一世紀全球化的浪潮中，而更加蓬勃發展。會消失的不

是大學，而是大學原有的功能。大學守護文明、價值反思與社會批判的功能，在市場力量的巨人面前將日益矮小，甚至消失。」（見《搶救大學》頁 43）。

　　無論是公立或私立大學，都有各自不同的成立背景、宗旨、理想，而成爲自己的特色或傳統與立校精神，這是十分重要的。大學應該順應時代新潮流，但也不能破壞原有的傳統與立校精神，否則學校特色全然失去。

十二、生　命

　　有人這樣說，生命就像一篇文章，在文章結尾，有些人用的是句點，有些人用的是驚嘆號，更有些人以問號來結束。孔子、孟子是聖人，他們篤信自己的真理，所以用的是句點；岳飛、王勃壯志未酬身先死，所以是驚嘆號，至於不知爲何來到這個世界，又懵懵懂懂地過了一輩子的人只好以問號來結束了。

　　生命有其自然與必然的定律，勉強不得。如果因爲「花開必會落，人若有生必有死」的自然定律，而抱持超越寂寞與悲傷的態度，不流一滴淚，也不知傷悲，這也不是所謂的「了悟」。要是能在「不雨花猶落，無風絮自飛」這兩句詩裏，深切地領悟到淒愴之感，才能了悟人生的真諦。

十三、珍惜相會

　　人生無常，和親朋好友聚聚又散散，散散又聚聚。要珍惜每一次的相會，因為相會之後必定有別離，一別離就不知何時再相聚。真是「相會再別離，別離再相聚。秋風吹曠野，一期只一會，尚得再別離。」所以送別親人、師長、朋友的時候態度要莊嚴，「相送當門有修竹，為君葉葉起清風。」

十四、只要開始，永不嫌晚

　　每一個人小時候都充滿夢想，因為展現在生命前方是一片無垠的寬廣；但是後來卻忘懷自己當年對生命的期許。儘管我們可以歸咎於環境或他人，可是關鍵還是在自己。但是，我們也不必認為青春不再，為時已晚，只要你覺悟，你願意，從現在開始，永遠都不嫌晚。且看：

　　德國的大文豪歌德，是在八十三歲去世的前幾年才完成《浮士德》的。

　　義大利十六世紀畫家提長，和美國十九世紀的女畫家歐基芙（Georgia O'Keeffe），都一直作畫到 99 歲為止。

　　英國十九世紀政治家、第四任首相格萊斯頓，在 70 歲時還學習新的語言。

十五、寬大的心胸

我們要有寬大的心胸。哲學家馮友蘭說：「放開肚皮容物，立定腳跟做人」。法國大文豪雨果說：「世界上最寬闊的是海洋，比海洋寬闊的是天空，比天空更寬闊的是人的胸懷。」世人皆難容人之短，其實最難容者，莫過於容人之長。容人之長需要更大的度量；心胸狹窄，不能容人之長者，其事業絕無生機。（黃晨淳《點燃哲人的智慧》頁 107）。

證嚴法師說：「一滴水滴入一缸水後，水不再是一滴水，而是一缸水。」一般世俗的眼光只看到一滴水不見了，而不知自己已獲得更多，故心胸寬大的人，其獲得必比付出的多。

證嚴法師也說：「我們應為別人的成就而生歡喜心。看他人的成功，猶如自己的成就，這就是菩薩心。常常抱著利益眾生的心，就可永遠不離喜樂。」（《靜思語②》頁 32）

證嚴法師又說：「一個人要先點亮自己的心光，才能去引發別人。人要真誠苦幹，才能領導別人，而不是光靠能幹。對人須用寬大的心去包容－發廣大心，普遍的愛一切眾生，使周遭都籠罩在你愛的氣氛中。」（《靜思語②》頁 39）

附錄：

螢雪齋主人劉昭仁大事記

民國紀年	歲次	西元紀年	歲數	記　　　　　事
31	壬午	1942	1	11 月 12 日（農曆 10 月 5 日戌時）生於台灣省嘉義縣民雄鄉興中村劉竹仔腳 11 號，排行三男，屬馬。
38	己丑	1949	8	8 月，入嘉義縣民雄鄉興中國民小學。
44	乙未	1955	14	6 月，小學畢業，成績第一名，獲頒李茂松縣長獎狀、鋼筆一支。（獎狀：嘉教獎（44）畢字第 19 號） 7 月，考取省立嘉義中學初中部一年級，學號 4771。
46	丁酉	1957	16	6 月，因嚴重貧血，住省立嘉義醫院治療一週。因錯過期考與補考日期，9 月辦理休學。
47	戊戌	1958	17	2 月，復學，讀二年級下學期。
48	己亥	1959	18	6 月，省立嘉義中學初中部畢業。 7 月，考取該校高中部及省立嘉義師範學校。 8 月，八七水災翌日下午冒風雨赴省立嘉義師範學校報到註冊，學號 18012。
50	辛丑	1961	20	8 月 10 日（農曆 6 月 29 日午時），祖母逝世，享壽八十八歲。
51	壬寅	1962	21	6 月，省立嘉義師範學校畢業，獲頒德智體群均衡發展獎狀一紙。 8 月，奉分發嘉義縣梅山鄉梅山國民小學任教。
54	乙巳	1965	24	7 月，考取國立台灣師範大學童子軍教育專修科，同科者有嘉義師範學校同窗沈榮昱君。9 月報到入學後即赴台中成功嶺接受大專學生暑期集訓（9 月 4 日至 10 月 30 日）。10 月 10 日

				參加總統府前國慶慶祝大會。結訓後返台灣師範大學開學。
55	丙午	1966	25	7 月，以志趣不合重考，考取國立台灣師範大學國文系。9 月開學，與沈謙、康世統、徐信義諸君等同班，學號 550520。
59	庚戌	1970	29	1 月 15 日（農曆己酉年 12 月 8 日），與蕭壽美結婚。 6 月，台灣師大國文系畢業，獲省立民雄高中李士崑校長之聘。 7 月 3 日至 8 月 27 日，在台北復興崗受預備軍官訓練。與沈豐茂君同獲省立嘉義師專耿相曾校長助教聘書。以李校長不放行，結訓後至省立民雄高中任教。 11 月 14 日（農曆 10 月 16 日）長子明達生。
60	辛亥	1971	30	7 月 4 日至中壢仁美第一士官學校服第 20 期預備軍官役，爲陸軍政戰少尉。
61	壬子	1972	31	6 月，考取國立台灣師大國文研究所及政治大學中文研究所碩士班。 7 月 3 日退伍。 9 月，就讀台灣師大國文研究所。
62	癸丑	1973	32	2 月，父親輕度中風，3 月 31 日自民雄魚市場管理委員會退休。 4 月 26 日（農曆 3 月 24 日寅時）長女明麗生。 9 月，內子轉任台北市立蘭州國中教師，携子女北上，賃居於台北市南京東路三段 216 巷。
63	甲寅	1974	33	6 月，以〈戴東原思想研究〉論文，獲文學碩士學位。 8 月，至台北市私立實踐家政專科學校任教。 11 月 29 日（農曆 10 月 16 日未時）次子明岳生。
64	乙卯	1975	34	4 月，取得講師證書（講字第 7342 號），年資自 63 年 8 月起算。 6 月〈戴東原思想研究〉論文，載於《國立台灣師範大學國文研究所集刊》第十九號。
66	丁巳	1977	36	8 月起任實踐家專講師兼註冊組主任。（至 67 年 7 月 31 日）

67	戊午	1978	37	5月，台灣商務印書館出版《中國歷代思想家》，為該書撰《戴震》。 8月起任實踐家專副教授兼註冊組主任。 11月8日轉任私立台北醫學院副教授兼院長室秘書。
68	己未	1979	38	任教於台北醫學院。 11月，《陸宣公學記》在學海出版社出版。
69	庚申	1980	39	任教於台北醫學院。 6月，取得副教授證書（副字第6617號），年資自69年1月起算。
72	癸亥	1983	42	8月，任實踐家政經濟專科學校副教授兼主任祕書。 10月，受教育部空中教學委員會聘為72學年度利用超高頻率電視頻道試辦大學課程選修科目國文科兼任面授教師。
73	甲子	1984	43	任實踐專校副教授兼任主任祕書。 3月，受教育部空中教學委員會聘為72學年度利用超高頻率電視頻道試辦大學課程選修科目國文科兼任面授教師。
74	乙丑	1985	44	任實踐專校副教授兼主任祕書。 9月，受聘為台北市萬大國小74、75學年度學生家長會委員。
75	丙寅	1986	45	任實踐專校副教授兼主任祕書。 1月，《呂東萊之文學與史學》在文史哲出版社出版。 7月，偕內子與葛秋彥夫婦等旅遊泰國一星期。 7月28日取得教授證書（教字第4758號），年資自75年3月起算。
76	丁卯	1987	46	任實踐專校教授兼主任祕書。 1月，受國立空中大學聘為台北學習指導中心75學年度第一學期「文學與社會」批閱作業及試卷教師，聘期：75.11.2~76.3.31。 11月受空中大學聘為76學年度第一學期中國文學概論科及國文（甲）國學常識與應用文科兼任面授教授，聘期：76.11.1~77.4.10。 12月受鴻源機構關係企業員工教育中心聘為幹

				部訓練班講師，講授中文應用文。
77	戊辰	1988	47	任實踐專校教授兼主任祕書。 9月，受國立空中大學聘為 77 學年度第一學期國文（甲）：國學常識與應用文科兼任教授，擔任面授教學，聘期：77.9.17~78.2.17。
78	己巳	1989	48	任實踐專校教授兼主任祕書。 9月，受國立空中大學聘為 78 學年度第一學期國文（乙）文選科兼任教授，擔任面授教學，聘期：78.9.15~79.1.31。 9月27日，獲中華民國私立教育事業協會頒從事教學工作滿 15 年成績優良大勇獎章一座。
79	庚午	1990	49	任實踐專校教授兼主任祕書。 2月2日，內子携女明麗赴美西旅遊，13日上午返台。 7月7日至8月4日，奉派與楊曉萃主任率學生 40 名，赴美國姊妹校西奧瑞岡州立學院訪問，回程並遊日本東京。 10月，受國立空中大學聘為 79 學年度第一學期國文（乙）文選科兼任教授，擔任面授教學，聘期：79.9.21~80.2.20。 11月，受考選部聘為丙等考試文書管理概要科測驗式試題命題委員。
80	辛未	1991	50	任實踐設計管理學院教授兼主任祕書。 2月受國立空中大學聘為 79 學年度第二學期人文概論科兼任教授，擔任面授教學，聘期：80.2,22~80.6.30。 5月，受考試院聘為 80 年行政院所屬金融保險事業機構雇員升等考試主試委員。 5月17日，經評選為 79 學年度技術學院及專科學校教學績優教師，獲頒獎金及獎狀。
81	壬申	1992	51	任實踐設計管理學院教授兼主任祕書。 1月，受國立空大學聘為 80 學年度第二學期國文：國學常識與應用文科兼任教授，擔任面授教學，聘期：81.2.21~81.6.30。 10月，受國立空中大學聘為 81 學年度第一學期國文（乙）：文選科兼任教授，擔任面授教

				學，聘期：81.9.18~82.1.31。
82	癸酉	1993	52	任實踐設計管理學院教授兼主任祕書。 4月25日（農曆閏三月三日午時）母親逝世，享壽86歲。 5月16日（農曆閏三月二十五日）安葬於民雄鄉義橋第十四公墓。 9月，受國立空大學聘為82學年度第一學期國文：國學常識與應用文科兼任教授，擔任面授教學，聘期：82.9.24~83.1.31。 9月，《應用家庭倫理學》在文史哲出版社出版。
85	丙子	1996	55	任實踐設計管理學院教授兼主任祕書。 1月10日（農曆乙亥11月20日）父親逝世，享壽89歲，1月25日（農曆12月6日）葬於民雄鄉第十一公墓。
88	己卯	1999	58	任實踐大學教授兼任主任祕書。 1月，《細說最新公文應試必讀》（初版）在建宏出版社出版。 11月，《細說國文論文與閱讀測驗》，在建宏出版社出版。
89	庚辰	2000	59	任實踐大學教授兼任主任祕書，8月起辭主任祕書兼職。 10月，《細說大學國文選》出版，在建宏出版社；《細說歷年二技聯招國文科試題與解答》在建宏出版社出版。
90	辛巳	2001	60	任實踐大學教授。 1月7日，次子明岳與施雅娟在台北市國賓大飯店結婚。 3月，《細說插大歷年國文科試題解答》（再版）、《細說最新公文應試必讀》（再版）、《細說研究所國文試題集解》初版，均在建宏出版社出版。 6月1日參加第三屆中國修辭學學術研討會在銘傳大學，發表〈賴和的文學世界〉。 8月17日至8月28日，與內子參加榮泰旅行社古絲路之旅，同行者有葛秋彥夫婦等。

91	壬午	2002	61	任實踐大學教授。 3 月 31 日，長子明達與陳文銖在台北市福華大飯店結婚。 5 月 18、19 日參加第四屆中國修辭學學術研討會在輔仁大學，發表〈張純甫詩的引用修辭〉。 6 月 17 日赴南華大學擔任黃文星《幽夢影修辭藝術研究》、張彗冠《鮑照代言詩研究》論文口試委員。 7 月 25 日至 8 月 3 日，與內子赴張家界、九寨溝旅遊，同行者有葛秋彥夫婦、陳建榮夫婦等。 9 月 19 日孫仕衡生。
92	癸未	2003	62	任實踐大學教授。 1 月 4 日，長女明麗與黃雲斌在台北市富都大飯店結婚。 3 月 31 日孫女楷臻生。 撰〈妓女與小說〉，未發表。
93	甲申	2004	63	任實踐大學教授。 1 月 23 日，外孫女黃靖媛生。 2 月 7 日，與張玉華赴中正機場迎接北大張渭毅教授。 4 月，〈朱熹與呂祖謙的交誼〉，載黃山學院第 6 卷 4 期程朱思想與徽州文化研究專輯。 6 月 12 日，與張玉華、陳正一送張渭毅教授至中正機場。 8 月，奉准教授研究休假一年。(93.8.1~94.7.31) 9 月 4 日，與內子偕明達全家及親家母遊日本京都、大阪、神戶，為期五日。 9 月 25 日，赴中壢公祭恩師胡自逢教授。 撰〈中國先哲的人性論概述〉，未發表。
94	乙酉	2005	64	任實踐大學教授。 4 月 19 日，父親靈骨進塔。 12 月 20 日，赴銘傳大學龜山校區任碩士論文口試委員，考楊添發《陳維英及其文學研究》、翁志萍《王安石及其散文研究》，楊肅藝《孝經孝治思想及其現代意義》。
95	丙戌	2006	65	任實踐大學教授。

				6月19日，赴銘傳大學龜山校區任碩士論文口試委員，考郭鈴蘭《吳晟散文中的農村書寫》、張令芸《李喬寒夜三部曲－土地身分的追尋》。 12月26日，赴銘傳大學應用中文研究所任碩士論文口試委員，考謝美秀《李望洋其人及西行吟草研究》、謝冠偉《黃娟楊梅三部曲研究》。
96	丁亥	2007	66	任實踐大學教授。 7月14日，與內子、內兄、襟兄黃能宗夫婦、梁正宏夫婦等旅遊桂林四日。 7月23日，孫恩劭、恩圻生。 10月2日，與內子、葛秋彥夫婦等遊萬里法鼓山。 12月12日，母親墳撿骨，24日進塔。
97	戊子	2008	67	任實踐大學教授（延長服務）。 4月15日，與內子偕陳秋田夫婦等遊淡水。 7月16日，赴銘傳大學應用中文研究所任論文口試委員，考林宜君《劉克襄動物小說主題研究》、陳文彬《少年噶瑪蘭研究》。 7月31日，〈海峽兩岸公文制作與處理的比較〉，載實踐博雅學報第八期。 8月23日，與內子、明麗、靖媛、明岳、仕衡遊集集，參加南投火車好多節活動。
98	己丑	2009	68	任實踐大學教授（延長服務）。 1月1日，與內子、明岳、仕衡、明麗、靖媛遊苗栗南園。 1月6日，與內子、葛秋彥夫婦遊竹東清泉溫泉張學良故居。 6月，孫仕衡、孫女楷臻幼稚園畢業。 7月，《戴學小記》在秀威資訊科技公司出版。
99	庚寅	2010	69	1月6日，赴銘傳大學應用中文研究所任論文口試委員，考盧志鎮《金門盧若騰研究》論文。 1月31日，〈求職文書－履歷表、自傳、應徵信的寫作〉，載實踐博雅學報第十三期。 2月1日退休，改任實踐大學客座教授。 3月12日，應邀至基隆長庚醫院演講「台灣仁醫的身影」。

| | | | | 受國家教育研究院籌備處聘爲高級中等以下學校及幼稚園教師資格檢定考試閱卷委員，3 月13 日至 3 月 16 日至考選部閱卷。
5 月，《螢雪齋主人七十自述》在文史哲出版社出版。 |

國家圖書館出版品預行編目資料

螢雪齋主人七十自述 / 劉昭仁著. -- 初版 --
臺北市：文史哲，民 99.05
　　頁: 公分. -- （傳記叢刊；9）
ISBN 978-957-549-905-1 （平裝）

1.劉昭仁 – 傳記

782.886

傳 記 叢 刊 ₉

螢雪齋主人七十自述

著　　者：劉　　　昭　　　仁
出 版 者：文　史　哲　出　版　社
　　　　　http://www.lapen.com.tw
　　　　　e-mail：lapen@ms74.hinet.net
登記證字號：行政院新聞局版臺業字五三三七號
發 行 人：彭　　　正　　　雄
發 行 所：文　史　哲　出　版　社
印 刷 者：文　史　哲　出　版　社
　　　　　臺北市羅斯福路一段七十二巷四號
　　　　　郵政劃撥帳號：一六一八○一七五
　　　　　電話886-2-23511028・傳真886-2-23965656

實價新臺幣一八○元

中華民國九十九年（2010）五月初版